즐거운 표류

이지원의 등대기행

즐
　거
　　운

　　　표
　　　　류

연암서가

지은이 **이지원**

벚꽃 동네 진해에서 나고 자랐다. 이주민으로 지금은 울산에 살고 있다.
2006년 『문예한국』 신인상으로 등단, 제12회 원종린수필문학상 작품상과
제10회 울산문학상 작품상을 수상했다.
한국문인협회·울산문인협회·울산수필가협회·수필미학 작가회에서 활동 중이다.
수필집 『무종』, 『낙타가 태양을 피하는 법』, 『머그컵 프롬나드』,
등대기행집 『지상의 끝자리, 그곳에 등대가 있었네』,
환경에세이 『우리에게 이르는 시간』이 있다.

즐거운 표류

2025년 10월 20일 초판 1쇄 인쇄
2025년 10월 25일 초판 1쇄 발행

지은이 | 이지원
펴낸이 | 권오상
펴낸곳 | 연암서가

등록 | 2007년 10월 8일(제396-2007-00107호)
주소 | 경기도 고양시 일산서구 호수로 896, 402-1101
전화 | 031-907-3010
팩스 | 031-912-3012
이메일 | yeonamseoga@naver.com
ISBN | 979-11-6087-147-0 03810
값 18,000원

이 책에는 Mapo금빛나루체가 사용되었습니다.

이 책은 한국장애인문화예술원 한국장애인문화예술원 지원 사업에 선정된 작품입니다.

작가의 말

　바다를 따라 걷다 보면 늘 등대가 있었다. 그곳에서 나는 오랫동안 멈춰 서 있곤 했다. 등대는 말이 없었지만, 그 침묵이 오히려 더 많은 이야기를 품고 있는 듯했다. 바람에 닳은 벽, 파도에 깎인 계단, 해풍에 일렁이던 풀꽃들…. 그 위에서 묵묵히 제자리를 지키는 불빛은 마치 세월의 흔적을 그대로 보여주는 한 사람의 초상 같았다. 등대를 찾아다니기 시작한 것은 단순히 '그곳'에 가보고 싶어서였다. 그러나 발걸음을 옮길수록 나는 단순한 풍경을 넘어, 그 곁에서 살아가는 사람들, 그리고 그곳에 스며든 시간과 마주하게 되었다. 때로는 배를 타고 몇 시간을 가야 했고, 파도가 높아 발길을 돌려야 하는 날도 있었다. 그러나 그 모든 과정이 나에게는 또 하나의 이야기이자, 나 자신을 돌아보는 시간이 되었다.

　등대 앞에 서면 늘 파도 소리가 들려왔다. 그 소리 속에서 나는 삶의 굴곡과 쉼, 그리고 다시 시작할 용기를 읽을 수 있었다. 바다는 항상 같은 자리에 있지만 결코 같은 모습은 아니듯, 우리의 삶도 매일 비슷하게 흘러가지만 그 안에는 언제나 다른 의미와 감정이 숨어 있지 않던가. 등대는 그 변화를 꿰뚫어 보듯 묵묵히 그 자리에 서 있었다.

이 책을 쓰며 나는 한 가지 소망을 품게 되었다. 누군가 길을 잃었을 때, 이 책이 작은 불빛이 되어주기를! 내가 만난 수많은 등대의 불빛이 내 마음을 이끌었듯, 이 글이 독자에게도 잠시 길을 밝혀주는 등불이 되었으면 좋겠다. 거창한 철학을 전하려는 것은 아니다. 다만 등대 앞에서 내가 느꼈던 고요와 위안이, 책장을 넘기는 이에게도 전해지기를 바랄 뿐이다.

이 여정에 함께해 준 분들에게 고마운 마음을 전한다. 위험한 길에서 길잡이가 되어 준 이들, 이야기를 나누어 준 섬사람들, 그리고 긴 집필의 시간을 기다려 준 가족들 덕분에 이 책이 완성될 수 있었다.

등대는 늘 그 자리에 서 있지만, 그 앞에 선 사람의 마음은 매번 달라진다. 그래서 등대 기행은 끝난 것이 아니라, 언제든 다시 시작될 수 있는 여정이다. 이 책을 읽은 누군가도 또한 언젠가 바람과 파도가 머무는 등대 앞에 서서, 또 다른 이야기를 시작하리라 믿는다.

2025년 가을
등대로 이지원

차 례

작가의 말 5

1부
등대에 깃든 시간의 무게를 따라

항일운동의 시발점, 당사도등대	13
다시는 그가 돌아올 수 없는 빛, 소리도등대	19
바다의 별이 된 부산항의 역사, 제뢰등대	25
먼 섬, 목포 가거도등대	30
거북선이 불을 밝히다, 한산항등표	36
군사 요충지에 자리 잡은 역사의 보고, 죽변등대	42
물결이 빚어낸 수채화, 고군산도의 끝 말도등대	46
노을이 아름다운 제주항의 이정표, 산지등대	52
신안 1004섬들의 안전 길잡이, 암태도등대	58

2부
길 위에서 만난 재미있는 등대들

즐거운 표류	68
칠암항남방파제등대, 서암항남방파제등대	74
구조라항남방파제등대, 도남항동방파제등대	79
감포항남방파제등대, 정자항북방파제등대	83
창포말등대, 물치항방파제등대	87
완도항방파제등대, 톱머리항방파제등대	92
구시포항남방파제등대, 목포북항동방파제등대	97
선유도항방파제등대, 삼길포항방파제등대	102
포교항방파제등대, 이호랜드방사제등대	108

3부
풍요의 등대를 따라

다시 찾은 제부도에서의 하룻밤, 제부도등대	119
붉은 바다 위 노란 등대, 궁평항북방파제등대	124
무학대사가 달을 보고 도를 깨우쳤다는 곳, 간월도항방파제등대	129
행운을 안겨 준 무창포항방파제등대	134
길을 달리다, 대신등대	140
천사의 날개로 흑산도를 밝히는 흑산도항방파제등대	146
소난지도에서 대난지도까지, 대난지도항방파제등대	151
국화꽃 가득한 국화도와 입파도의 컵라면	156
평화의 바다를 비추는 연평도등대	163
최북단 섬 백령도에 세워진 용기포항서방파제등대	170

4부
물결 따라 걷는 쉼표 여행, 힐링의 등대

볼래기 동산 위에서 만난 죽도등대	181
섭지코지 붉은오름 위, 방두포등대	187
남해안에 숨어있는 명소, 서이말등대	193
다시 올 수 있을까라는 말은 하지 말 것, 추자도등대	198
마량, 말이 잠시 머물렀다는 곳 마량항중방파제등대	205
쑥과 고양이의 섬, 애도등대	211
거문도, 인어의 전설을 간직한 녹산곶등대	218
그리운 고향의 향기, 마산항서파제제서단등대	224
마침표를 찍다, 삼천포구항동방파제등대	230

1부

등대에 깃든
시간의 무게를 따라

죽변등대

말도등대

암태도등대

제뢰등대

당사도등대

소리도등대 한산항등표

가거도등대

산지등대

──────── '아름다운 등대' 15곳을 완주한 뒤, 나는 등대라는 존재에 깊이 매료되었다. 바다를 품고 고요히 빛을 밝혀주는 그 자태에 마음을 빼앗긴 것이다. 그래서 공식 여권에 포함되지 않은 등대들까지 하나둘 찾아 나섰다. 등대 지도를 펼쳐 놓고, 눈으로 하나씩 짚어가며 다음 여정을 계획하는 일은 나에게 또 다른 설렘이 되었다.

동해안 고성에서 남쪽 해안을 따라 내려오며, 그리고 전라도 곳곳의 등대들을 틈나는 대로 찾아다녔다. 그렇게 새로운 등대를 향해 걸어가던 중, '역사가 있는 등대'라는 이름으로 두 번째 공식 시리즈가 시작되었다는 소식을 접했다. 이번에는 근대사와 맞닿은, 100년이 넘은 등대들이 선정되었고, 그 대부분은 일제강점기와 관련된 이야기들을 품고 있었다.

놀랍게도, 새로 발표된 15곳 중 절반 이상은 이미 내가 다녀온 곳이었다. 시리즈가 존재한다는 사실을 미처 알지 못했던 탓에 미리 '스탬프 없이' 다녀온 셈이었다. 다시 가야 한다는 사실에 잠시 당혹스러웠지만, 금세 마음을 다잡았다.

"사전 답사라고 생각하자. 그때는 미처 보지 못했던 걸 이번에 발견할지도 모르지."

속으로는 오히려 조금 들뜨기도 했다. 날씨나 시간에 쫓겨 아쉬움을 남긴 곳들을 다시 찾을 기회가 생겼기 때문이다. 가는 길은 쉽지 않았다. 이번 시리즈는 뱃길로만 닿을 수 있는 섬 등대가 아홉 곳이나 되었고, 두 번의 환승이 필요한 곳도 있었다. '아름다운 등대'보다 분명 난도가 높았다. 하지만 나는 해낼 수 있을 것이라 믿었고, 그래서 걱정은 잠시 접어두었다.

그런데 예상하지 못한 변수가 있었다. 2020년 1월부터 시작된 코로나19의 여파는 쉽게 사그라지지 않았고, '역사가 있는 등대'의 정식 오픈도 미뤄졌다. 출입이 제한되고, 사람과의 접촉조차 피해야 하는 시절이었다. 나 역시 몇 달을 기다려야만 했다. 여권을 받고도 마음껏 길을 나설 수 없던 그 시간은, 오히려 여행의 소중함을 다시금 일깨워주는 시기였다.

여행의 시작은 접근이 비교적 쉬운 부산 제뢰등대로 정했다. 도심 속에 자리한 그곳은 새로운 출발점이 되어 주었다. 이후 목포에서 뱃길로 네 시간 반이 걸리는 가거도, 그리고 배를 두 번 갈아타야만 닿을 수 있는 당사도도 찾아갔다. 섬과 바다를 넘나든 쉽지 않은 길이었지만, 그 여정 속에는 수많은 이야기와 감동이 깃들어 있었다.

이 기행은 2021년 7월부터 10월까지 약 3개월 동안 이어졌다. 난도는 분명 더 높았지만, '아름다운 등대' 여행에서 축적된 경험이 나를 단단하게 받쳐주었다. 여행의 속도가 붙었다는 것은 단순한 이동의 속도보다, 삶을 대하는 태도의 변화였다.

이번 여정을 통해 나는 다시금 느꼈다. 경험이란 얼마나 값진 자산인가. 해 본 것과 해 보지 않은 것 사이에는 생각보다 큰 차이가 있다는 사실을 말이다. 낯선 곳에서 길을 찾는 과정, 거센 바람을 마주하는 순간, 혼자 떠났지만, 결코 혼자가 아니었던 길 위의 따뜻한 인연들. 모두가 내 삶의 깊이를 더해주었다.

'역사가 있는 등대'는 단순한 구조물이 아니라, 오랜 시간 바다를 지켜온 조용한 증인이었다. 그 앞에 서 있는 나 역시, 시간 속에서 살아가는 작은 존재라는 것을 느꼈다. 이렇듯 세상과 나를 이어주는 등대는, 오늘도 묵묵히 그 자리에 서서 빛을 밝히고 있을 것이다.

항일운동의 시발점,
당사도등대

역사가 담긴 등대들 가운데 유독 마음을 끈 한 곳, 바로 당사도등대였다. 그 이유는 항일운동의 시발점으로 기록된 '소안도등대 습격 사건' 그 실존의 무대가 바로 이곳이기 때문이다. '역사가 있는 등대' 열다섯 곳 중 열세 번째 여정으로, 나는 마침내 당사도등대로 향했다.

당사도는 섬 속의 섬이다. 화흥포항에서 배를 타고 소안도에 도착한 후, 다시 작은 배를 갈아타야 비로소 발길이 닿는 곳. 나는 전날 완도에 도착해 하룻밤을 보내고, 이른 아침 불그레한 가을 햇살이 바다 위로 물드는 풍경을 바라보며 배에 올랐다. 소안도에 도착하자마자 다시 배편을 갈아타면서 선장과 돌아가는 시간을 미리 정해두는 것은 필수였다. 이 드문 여정을 함께한 이들은 인천에서 온 부부와 삼십 대 여성 한 명뿐이었다.

하루 두 번뿐인 배편, 8시간 동안 고립될 각오 없이는 쉽게 갈 수 없는 섬이다. 그런 고단한 길을 굳이 택하는 이유가 뭐냐고 묻는다면, 딱히 할 말은 없다. 그러나 좋아서 하는 일이라, 뚜렷한 목적이 없기에 더욱 선명한 감각이 살아난다. 낯선 길목에서 느끼는 긴

당사도등대

장감, 예측할 수 없는 흐름 속에서 맞닥뜨리는 조용한 환희, 그 감정이 나를 이곳까지 이끄는 동력인지도 모른다.

당사도에 내려 마을을 지나 산길로 접어든다. 완도군의 최남단, 바다를 마주한 그 고즈넉한 산길은 제법 가팔랐다. 등산지팡이를 준비하지 못한 것이 아쉽던 찰나, 나무 지팡이 하나를 주워 의지 삼아 걸었다. 그 길에서 우리를 바라보던 노루 한 마리, 인적 드문 이곳에서 만난 짧은 눈 맞춤은 왠지 모르게 신비로웠다.

100여 년 전, 바로 이 작은 섬마을에서 의병이 일어났다는 사실은 내게 깊은 울림으로 다가왔다. 당사도등대는 1909년 첫 불을 밝혀 지금까지 100년 넘게 완도와 제주해협을 지나는 배들의 항로를 지켜왔다. 그러나 그저 바다를 밝히는 등대가 아니라, 일제강점기의 비극과 저항을 고스란히 품은 증언자이기도 하다.

특히 1909년 1월, 이준화 등 소안도 주민 여섯 명이 이곳 등대를 습격해 일본인 네 명을 처단하고 시설을 파괴한 사건은, 단순한 지역적 충돌이 아닌 항일 민중운동의 시발점으로 기록된다. 그날의 결기는 해방 후 주민들이 일제가 세운 비석을 허물고, 그 자리에 '항일전적비'를 세우며 오늘날까지 이어지고 있다.

당사도등대는 현재 구 등대와 신 등대, 두 기가 나란히 서 있다. 1909년 건립된 구 등대는 높이 9.6m. 2008년까지 100년 동안 밤

바다를 밝혀온 등대는 이제 안식을 누리고 있다. 조선에서 수탈한 쌀과 면화를 실어 나르던 배들의 항로를 지켜야 했던 그 시간, 아마도 구 등대는 붉은 불빛 속에서 울분을 삭였으리라. 의병들의 분노와 결기가 서린 그 현장을 묵묵히 지켜본 것도 바로 이 등대였다.

바다와 맞닿아 수평선에 바짝 선 구 등대와는 달리, 21m의 신 등대는 마당 안쪽에 늘씬한 자태로 우뚝 서 있다. 마치 자신도 역사 위에 놓인 한 존재임을 의식하듯, 단정하고 당당한 모습이었다.

등대에 오른 우리는 돌아갈 배를 기다리며 꽤 오랜 시간을 머물렀다. 그런 이유로 김밥, 컵라면, 간식, 그리고 돗자리까지 챙겨왔다. 그동안 고립된 섬에서 흐르는 듯 흐르지 않는 시간을 그저 견디는 대신, 풍경과 시간에 몸을 맡기는 법을 익혀온 터라, 나는 지루함마저 즐길 준비가 되어 있었다.

등대 아래로 병풍처럼 펼쳐진 해벽, 햇살에 부서지는 물비늘, 시리도록 맑은 가을 하늘…. 이 모든 풍경은 단지 아름답다는 말로는 부족했다. 그 풍경은, 지금 우리가 이 땅을 자유롭게 거닐 수 있는 이유에 대한 묵묵한 증거이자 위로였다. 100여 년 전, 이곳에서 항일의 불꽃이 타오르지 않았다면, 과연 우리는 지금처럼 당사도에 올 수 있었을까. 주권을 잃고 억울함 속에 살아야 했을 이름 없는 백성들의 시대를 떠올리면, 발끝이 저려온다.

당사도구등대

항일전적비

구 등대 앞에 서서, 나는 저도 모르게 옷깃을 여몄다. 이곳은 그저 항로를 밝히는 빛의 기둥이 아니다. 잊지 말아야 할, 지켜내야 할, 우리의 이야기가 살아 있는 '빛의 역사'다.

불 밝힌 날	1909년 1월 1일
등대 위치	전라남도 완도군 소안면 당사도길 17-239
등대 높이	21m

다시는 그가 돌아올 수 없는 빛,
소리도등대

　사라졌다는 사실이, 다시는 볼 수 없다는 것이, 유독 애잔하게 가슴에 남는다. 소리도등대 앞에 섰을 때, 나는 오래도록 그 자리를 지켜온 누군가를 떠올렸다. 등대, 바다 그리고 이 적막한 공간 속에서 묵묵히 시간을 보냈을 한 사람. 이름 없이 빛을 밝히던 등대지기, '은거'라는 이름으로 내게 메일을 보내온 그였다. 고요와 쓸쓸함을 친구 삼아 살아간 그 시간, 그러나 그만이 누릴 수 있었던 평온한 기쁨이었으리라. 나 역시 그 한 자락을 느껴보고 싶어, 그의 자리로 찾아왔다.

　수년 전, 여수 오동도등대를 찾았을 때 등대 사무실에서 잠시 이야기를 나눈 직원이 있었다. 그는 여수해양수산청이 관할하는 유인 등대 세 곳인 오동도, 거문도, 그리고 소리도등대를 오가며 근무하고 있다고 했다. 그중에서도 소리도등대에서 유난히 오래 머물렀다며 말끝마다 애틋함이 묻어났다. 나는 그날 처음 '소리도'라는 섬의 존재를 알았고, 그의 목소리에 실린 기억의 온도에 이끌려 언젠가는 꼭 가보리라 다짐했었다.

　마침내 기회가 왔다. '역사가 있는 등대'로 소리도등대가 선정되었다. 1910년 불을 밝힌 지 100년이 넘은, 역사를 품은 등대. 이번 만은 헛걸음하지 않으리라, 좋은 날을 골라 길을 나섰다. 과거 거문도를 찾았을 때 소리도까지 연계해보려 했으나 배편이 맞지 않아 돌아서야 했던 기억이 떠오른다.

여수항에서 아침 8시 배를 타고 소리도로 들어간다. 10월의 첫날, 황금빛 햇살이 바다 위에 금가루처럼 흩어진다. '소리도' 이름도 참 곱다. 마치 조용한 바람 한 자락이 마음을 쓸고 지나가는 듯, 출발하는 마음이 부풀어 오른다. 떠남이 늘 설렘을 동반하듯, 초행길은 그 설렘을 두 배로 만든다.

배는 변수 많은 이동 수단이다. 배를 타기 전까지는, 진짜 떠난다고 확신할 수 없다. 하지만 그날의 바다는 유난히 잔잔했고, 하늘은 청명했다. 길게 늘어선 섬의 윤곽을 바라보며, 몸은 피곤했지만 마음은 가볍기만 했다.

소리도所里島는 여수 남쪽, 돌산도에서 약 13km 떨어진 금오열도에 속한 섬이다. 면적 6.8km^2, 해안선 길이 35.6km. 해식애와 해안동굴이 어우러진 절경에 동백나무가 풍성히 자라는 이곳은 다도해해상국립공원으로 지정되어 있다. 섬의 형상이 하늘을 나는 솔개를 닮았다 하여 '소리도'라 불리며, 1396년 태조 5년 순천부에 편입되며 '연도鳶島'라는 이름이 붙었지만, 지금까지도 지역 주민들 사이에

소리도등대

소리도구등대

서는 소리도라는 이름으로 불리고 있다.

　오전 배로 들어가면 오후 4시 배로 나와야 한다. 즉, 한나절을 온전히 섬에서 보내야 한다. 외지인을 위한 식당이나 상점이 많지 않기에, 간단한 음식과 물, 필요한 것들은 미리 준비해야 했다. 이번에는 차를 함께 실어 들어갔다.

　소리도에 첫발을 내디딘다. 안내판을 보고 등대의 위치를 확인하고, '중계민원처리소' 앞에 비치된 스탬프 함에서 소리도등대의 도장을 여권에 남겼다. 처음 들어온 섬이라 낯설지만, 호기심을 자극한다. 알록달록한 섬집들, 정겨운 골목 풍경이 반갑게 다가온다. 차를 타고 덕포마을로 향한다. '덕포명품마을'이라는 입간판이 정성스레 세워져 있어, 마을 전체가 손님을 반기는 듯하다.

마을 입구에 차를 세우고, 우리는 등대로 향하는 길을 걸었다. 코스모스가 만발한 작은 시골길을 지나, 산길로 접어든다. 걷고 또 걷는다. 고요하고 햇살 좋은 날, 땀방울이 목덜미를 타고 흐를 즈음 마침내 소리도등대와 조우했다.

예상대로, 등대는 조용하다. 구 등대는 자취를 감췄고, 현재는 신 등대만이 묵묵히 그 자리를 지키고 있다. 이제는 무인 등대가 된 터라 사람의 온기가 사라진 쓸쓸함이 공간을 채운다. 길냥이 한 마리가 인기척에 다가와 우리 주위를 맴돈다. 아마도 무언가를 기대하며. 그러나 배낭 속엔 물밖에 없었으니 미안한 마음만 남는다.

날씨가 좋으면 이곳에서는 해돋이와 해넘이를 모두 볼 수 있다고 했다. 오동도등대에서 만났던 그 등대지기의 말이 문득 떠오른다. 그는 비록 입는 것, 먹는 것은 남루했지만, 이곳에서의 삶은 눈이 호강했다며, 눈부신 날들이었다며 웃었다. 그의 말처럼, 이곳은 눈으로는 사치를 누릴 수 있는 공간이었다.

그가 오래도록 머물렀던 그 등대, 오래된 똑딱이 디카로 찍었다며 보내준 소리도 옛 등대의 사진이 떠오른다. 노을에 젖어 신기루처럼 떠오른 그 등대의 모습. 아득히 사라진 그것을 이제는 더 이상 볼 수 없다. 다른 곳들처럼 구 등대와 신 등대가 함께 공존하지 않는 이곳. 그 아쉬움은 더욱 진하게 남는다.

이제 그는 이곳에 다시 오지 못할 것이다. 등대는 무인 등대가 되었고, 등대지기는 그 자리를 비웠다. 사람이 사라진 등대. 그러나 그가 남긴 기억, 이 등대를 향한 애정은 오늘 이 바다 위에서도 조용히 빛나고 있었다.

불 밝힌 날	1910년 10월 4일
등대 위치	전라남도 여수시 남면 덕포길 133
등대 높이	12m

바다의 별이 된 부산항의 역사,
제뢰등대

'아름다운 등대'에 이어 두 번째 스탬프 투어 시리즈인 '역사가 있는 등대' 여행이 시작되었다. 이번에도 15곳의 등대를 찾아가야 하는 일정이었고, 그 첫 발걸음을 어디서 시작할지 고민하다가 결국 부산 제뢰등대를 선택했다. 이유는 단순하지만 분명했다. 내가 사는 울산과 가까운 데다, 육로로 편하게 접근할 수 있어 하루 일정으로도 다녀올 수 있는 곳이었기 때문이다.

하지만 이런 거리의 이점도 상대적인 개념이다. 서울이나 수도권, 전라권 등지에서 온 여행자들에게는 결코 가까운 길이 아니다. 반대로, 내가 인천 팔미도나 강원도의 주문진, 혹은 전라남도 해남에 있는 등대를 찾아가려면 나 역시 긴 여정을 각오해야 한다. 결국은 서로 도긴개긴, 피차일반인 셈이다. 각자 자신이 있는 곳에서 출발하는 위치가 다를 뿐, 등대를 향한 마음은 모두 같으리라.

부산항의 감만부두는 여느 항구와 달리, 컨테이너와 선박들이 분주히 오가는 풍경을 보여주었다. 어촌의 고요한 정취보다는 항구도시 특유의 역동성과 에너지가 더 강하게 느껴졌다. 그 활기찬 풍경 한가운데, 줄무늬 옷을 입은 작은 등대 하나가 굳건히 서 있었다. 바로 제뢰등대였다.

　멀리서 보아도 뚜렷한 색감이 눈에 띄는 제뢰등대는 붉은색과 검은색이 교차한 가로줄 무늬 외벽을 지니고 있었다. 그 모습은 마치 바다를 지나는 배들에 '여기가 길이다'라고 손짓하듯, 분명하고도 또렷한 존재감을 드러내고 있었다. 높이 6.9m, 그리 크진 않지만 묵직하고 안정적인 원형 콘크리트 구조가 세월의 무게를 버텨낸 듯한 신뢰감을 주었다.

　제뢰등대는 단순한 항로의 길잡이를 넘어, 한국 근대 등대의 소중한 문화유산이다. 1887년, 지금의 모습 이전에는 바닷속 암초 위에 세워진 돌쌓기 구조물 입표●로 시작되었으며, 이후 1905년에 현재의 콘크리트 등표로 바뀌면서 본격적으로 부산항의 길잡이 역할을 수행하게 되었다. 이 시기는 조선이 점차 국제 항로와 연결되며 항만 시설의 정비가 시급했던 시기이기도 하다. 당시 등대는 가스등으로 하얀 불빛을 밝혔고, 그 불빛은 오가는 수많은 배들에 안전과 희망의 상징이 되었다.

　이 등대는 등대문화유산 제23호로 지정되었을 만큼 역사적 가

● 입표立標 수심이 얕거나 암초가 있는 바다 위에 설치해, 선박이 위험을 피해 항로를 정확히 따를 수 있도록 돕는 구조물. 등화가 없는 구조물은 입표, 등화가 있는 구조물은 등표라고 한다.

제뢰등대

치를 지니고 있다. 등대 위에는 돔 형태의 지붕이 얹혀 있고, 두 개의 삼단 원형 띠가 구조를 감싸고 있으며, 전체적인 실루엣은 민 기둥 형태로 안정감 있는 모습을 갖추고 있다. 이는 단순히 기능적인 구조를 넘어, 당대 근대 건축 양식의 영향을 받은 디자인이기도 하다.

부산에서 가장 오래된 이 등대는 한국의 파로스라 불리는 팔미도등대(1903년)에 이어 국내에서 두 번째로 세워진 등대로, 그 역사적 가치만으로도 충분히 조명을 받을 만하다. 무려 116년이 넘는 세월 동안 바다의 풍랑과 역사의 소용돌이를 견뎌내며 묵묵히 제자리를 지켜왔다. 하지만 시간이 흘러 감만부두가 개발되면서 제뢰등대는 더 이상 항로의 등불이 아니라, 그 역할을 마감하고 시민공원 내로 옮겨져 보존되고 있다. 이제는 실질적인 역할보다도 상징성과 역사성으로 남아 시민들에게는 추억의 장소, 방문자들에게는 의미 깊은 여행지로 사랑받고 있다.

키는 작지만 강인한 인상의 제뢰등대. 그 모습은 마치 오랜 세월을 품은 노송처럼 단단하고도 정직했다. 해가 지고 밤이 찾아오면, 이 작은 등대는 다시 밤바다의 별이 된다. 한때는 불빛으로 선박을 이끌던 등대였지만, 이제는 세월을 밝히는 등대로, 부산항의 근대사를 말없이 전해주는 기억의 지킴이로 남았다.

스탬프를 찍는 손끝에 조금 더 무게가 실렸다. 이건 단순한 여행이 아니라, 시간을 걷고 있는 길이라는 생각이 들었다. 제뢰등대는 단순히 '하나의 등대'가 아니라, 한국 근대 해양사의 한 조각이자, 부산이라는 도시가 성장해 온 흔적을 고스란히 간직한 산 증인이었다.

불 밝힌 날 1905년 6월
등대 위치 부산광역시 남구 감만부두 시민공원 내
등대 높이 6.9m

먼 섬,
목포 가거도등대

　해무가 걷히기 시작한다. 육지로 나가는 첫 배가 결항 되어서 내심 불안했지만 바다가 길을 열어 주지 않으면 꼼짝없이 갇힐 수밖에 없다. 섬이란 그런 곳이다. 다행히 날씨가 서서히 좋아지고 있어 일정대로 움직일 수 있다. 서남해안의 뱃길을 백 년 넘게 지켜온 등대와 나무 계단을 십여 분 오르기만 하면 정상석이 보이는 독실산과 섬에서 가장 아름다운 풍경을 간직한 섬등반도까지 둘러본다.
　구월 하순, 이미 떠나 버린 여름 자리에 가을꽃이 피어 섬을 곱게 수놓고 있다. 섬등반도 송년 우체통 앞에 핀 구절초가 유난히 곱다. 가을빛 스민 초원에 빨간 우체통과 하얀 구절초가 한 폭의 그림이다. 육지에서 뚝 떨어진 먼 섬, 가거도에 든 지 이틀째.
　우리나라 최서남단에 있는 가거도, 목포에서 배를 타고 4시간 30분이나 걸리는 곳이다. 섬에 들면 무조건 1박 해야 한다. 실재하는 거리와 심리적 거리 또한 상당해서 쉽게 들기 어려운 곳이다.
　전날 오후 배로 들어와서 3구 마을 민박집에 짐을 풀었다. 이미 해는 지고 짙은 어둠이 내린 섬, 밤바다를 보며 저녁을 먹는데 음력 팔월 열아흐레 달이 구름 사이로 숨바꼭질했다. 별은 볼 수 없을 것 같았다. 민박집 마루에 앉아 밤하늘의 달과 밤바다에 떠 있는 오징어잡이 배를 보았다. 오래 바라보고 싶은 풍경이었으나 새벽부터 길을 달리고 바다를 건넌 탓에 눈꺼풀이 무겁게 내려앉았다.

자리에 눕자 바로 잠이 들었나 싶었는데 바람 소리가 잠을 깨웠다. 칠흑 같은 섬의 밤은 깊이를 가늠할 수 없고 바람은 바다를 할퀴듯 사납게 불어댔다.

섬은 세상과 소통이 자유롭지 못한 곳, 사람의 의지만으로 쉽게 드나들지 못하는 곳이다. 하여 스스로 고립을 원하거나 주변을 떠나 숨고 싶을 때, 마음에 이는 파고를 잠재우고 싶을 때 사람들은 종종 섬을 떠올린다. 섬에 들 때마다 배가 뜨지 않을까 봐 걱정되면서도 사나흘쯤 갇히고 싶은 양가적인 마음이 드는 것도 이런 심리의 발로가 아닌가 싶다.

새벽밥을 먹고 시작한 일정은 배를 타고 섬 둘레를 한 바퀴 도는 마지막 코스만 남겨 놓고 있다. 몇 년 전부터 배를 자주 타다 보니 어지간하면 멀미도 하지 않을 만큼 단련이 되었지만, 뱃멀미에 대한 두려움은 있다. 바닷길은 예상할 수 없기 때문이다.

낚싯배에 오른다. 뱃머리에 자리를 잡고 바다를 본다. 바람과 파도, 배의 엔진 소리가 묘하게 어우러진다. 서서히 물결이 일기 시작한다. 물결은 파도를 만들고 해벽에 얕게 부딪치던 파도가 점점

가거도등대

몸을 부풀린다. 너울에 배가 좌우로 흔들린다. 배 안의 사람들도 대책 없이 흔들린다. 뭔가를 꼭 붙잡아야 할 것 같다.

어느 순간, 철썩하며 파도가 뱃머리를 덮친다. 무방비 상태로 파도에게 한 방 맞은 사람들은 "으아악" 소리를 지르며 혼비백산, 가거도에 온 선물을 선사한 선장이 회심의 미소를 지으며 선미로 자리를 옮기라고 한다. 매사 방심하지 말라는 경고장을 받은 셈이다. 작은 파도가 일면 뒤이어 큰 파도가 오고 몸집을 부풀린 파도는 배를 위협할 수 있다는 것을, 모든 일에는 전조가 있다는 것을 새삼 일깨워준다.

뱃머리 중에서도 가장자리에 앉아 있던 나는 파도와 정면으로 부딪쳤다. 머리카락도 얼굴도 옷도 다 젖어 얼떨떨했지만, 찰나의 순간에도 가슴 속에 든 근심, 걱정들이 다 쓸려 내려간 듯하다. 태풍이 바닷속을 뒤집어 놓듯이 가끔은 가슴 깊이 가라앉아 있는 것들을 수면 위로 끌어 올려야 몸이 가벼워지지 않던가.

추석이 되기 전, 일 년 만에 요양병원에 계시는 엄마를 만났다. 명절을 맞이해 조건에 부합되는 가족은 한시적으로 면회가 허용되었기 때문이다. 비록 비닐장갑을 낀 손으로 엄마의 손을 잡았지만, 가슴이 뭉클했다. 손을 잡는 행위가 이렇듯 거룩하게 느껴진 적이 있었던가. 그동안 영상 통화를 할 때는 얼굴만 보였기에 엄마의 손이 퉁퉁 부어 있는지, 검버섯이 피었는지도 몰랐다. 온기 사라진 몸과 무표정한 모습을 바라보는 내내 마음이 천근만근이었다. 다음 면회객을 위해 십 분도 채 되지 않은 시간은 눈 깜짝할 사이 지나버렸다.

돌아오는 길에서부터 명절을 지날 때까지 엄마 생각만 하면 눈물이 앞을 가렸다. 죽음의 그림자를 드리운 엄마를 한 번이라도 더 보고 싶어 병원에 다시 면회 신청을 했다. 다행히 엄마를 만날 수 있는 기회가 한 번 더 주어졌다. 이번에는 일곱 살 때까지 저를 키워 준 큰딸을 데리고 갔다. 엄마는 손녀를 알아보고 눈물이 그렁그렁한 채 사랑한다는 말을 제법 힘 있게 건넸다. 표정 없던 얼굴에 미소가 번졌다. 자식은 물론이고 손주들도 다 보고 싶었다는 뜻이었다.

스스로 가시겠다고 했지만, 갑자기 찾아든 코로나 때문에 엄마는 섬처럼 고립된 곳에서 유폐되어 여생을 보내고 있다. 배를 타고 바다를 건너는 것도 아닌데 바람이 분다고 갈 수 없는 곳도 아닌데 먼 섬에 홀로 버려진 듯 외롭게 살고 있다.

우매한 자의 깨달음은 늘 몇 발짝 뒤에 온다. 잔물결일 때 눈치를 채야 했다. 곧이어 파도가 오고 뒤이어 더 큰 파도가 온다는 것을. 하지만 세월이 하는 일이라 안다고 해서 크게 달라지지 않는다는 것도 안다. 다만, 백 년이 넘은 이곳 가거도등대처럼 엄마가 우리 곁에 좀 더 계셔주기를 바랄 뿐이다.

  섬 한 바퀴를 돌고 땅에 발을 딛는다. 계획된 일정은 아니었으나 우연의 바람에 실려 여기까지 왔다가 뭍으로 나가는 중이다. 섬에서 빠져나올 때 배가 롤러코스트를 탔지만 무섭지 않았다. 그동안 숱한 잔물결과 크고 작은 파도를 만나며 여기까지 왔기 때문이다. 섬등반도에 핀 가을꽃을 마음에 눈에 가득 담아 왔다. 그 향기로 이 계절을 잘 견디어 볼 작정이다.

불 밝힌 날 1907년 12월 1일
등대 위치 전라남도 신안군 흑산면 대풍리길 2-21
등대 높이 7.6m

거북선이 불을 밝히다,
한산항등표

한산도. 이름만 들어도 가슴이 뜨거워진다. 이순신 장군이 난중일기를 썼고, 조선 수군이 기적 같은 승리를 거둔 한산대첩의 무대이자, 지금도 바다 위에 거북선의 불빛이 꺼지지 않고 있는 곳.

나는 이번에 이곳을 다시 찾았다. 육지가 아닌, 바다 한가운데 세워진 작은 등대 아니, 거북선 모양을 한 등표를 보기 위해서였다. 등대가 아닌 '등표燈標'라고 부르는 이유는 명확하다. 썰물 땐 모습을 드러내지만, 밀물 땐 감쪽같이 사라지는 암초 위에 세워졌기 때문이다. 오가는 배들이 이 바다의 위험을 피할 수 있도록, 바다 위에 불을 밝히는 표식, 그것이 바로 등표다.

이 등표는 단순한 항로의 안내판이 아니다. 역사의 불빛, 민족의 자존심, 그리고 한 명장의 전략과 결단력을 상징하는 살아 있는 기념비다.

역사 위에 세운 불빛

거북선등대, 또는 한산항등표라 불리는 이 등대는 1963년 12월 30일, 거북선 형상으로 완성되었다. 비록 물리적인 수명은 60여 년

한산항등표

이지만, 그 정신은 430년 전 임진왜란, 한산대첩의 승전보에서 시작되었다.

    한산도는 통영에서 약 2.4km, 추봉도에서는 북서쪽으로 0.5km 지점에 있는, 통영에서 가장 큰 유인도다. 추봉교를 통해 육지와 연결되었지만, 지금도 이 섬을 찾는 가장 일반적인 길은 뱃길이다. 통영여객선터미널에서 배를 타면 25분, 한산 앞바다로 들어가는 순간, 눈앞에 작고 단단한 거북선 모양의 등대가 바다 위에 우뚝 솟아 있다.

이 등대가 바로 한산대첩 승전을 기념해 세워진 등대. 임진왜란 당시, 이순신 장군이 일본 수군을 궤멸시킨 결정적인 전투, 한산도 앞바다에 세워졌다는 사실만으로도 특별하다. 그 승리를 기념하며, 거북선 형상의 등대를 바다 위 암초 위에 올려놓은 것이다.

학익진의 바다, 명장의 전략

1592년 4월. 일본군은 부산진과 동래성을 순식간에 점령하고 한양까지 돌진했다. 불과 20일 만에 조선은 수도를 빼앗겼고, 선조는 평양을 거쳐 의주로 피난길에 올랐다. 육지에서 무기력하게 무너진 조선군, 희망은 없었다.

그러나 남해에서 이순신이라는 인물이 떠올랐다. 옥포, 당포, 당항포, 율포…. 잇달아 승전을 거듭한 그는 일본 수군의 허를 찔렀다. 결국 일본은 함대를 한데 모아 조선을 단숨에 무너뜨리려 했고, 이순신은 이를 역이용했다.

그는 적을 한산도 앞바다로 유인해, 조선 수군의 전통 진형인 학익진鶴翼陣으로 포진하고 함포를 쏟아부었다. 거북선은 선봉에서 일본 수군을 휘저었고, 혼란에 빠진 적은 47척의 배를 침몰당하고, 12척을 빼앗긴 채 패퇴했다.

이 승리로 조선은 단숨에 다시 전열을 정비했고, 일본의 기세는 급격히 꺾였다. 한산대첩은 세계 4대 해전 중 하나로 기록되며, 역사의 흐름마저 바꾸어 놓았다.

거북선의 등불, 역사를 지키다

배는 한산도를 빠져나간다. 들어올 땐 썰물이었는지, 거북선등대 아래 암초가 얼굴을 드러냈었는데, 나갈 때는 물속에 감춰지고 등대만 고요히 떠 있다. 마치 물속 아래에 아무것도 없었던 듯, 시치미를 뚝 떼고 말이다. 그러나 이 등대가 없다면, 지나가는 배들은 그 바다 아래 암초에 좌초되고 말 것이다.

세상의 바다도 그렇다. 보이지 않는 암초들, 예측하지 못한 위험들이 곳곳에 도사리고 있다. 그럴 때, 누군가 먼저 그곳에 불을 밝히고, 길을 비추어 주는 일이 얼마나 귀중한가. 거북선등대는 단지 항로를 위한 구조물이 아니다. 그것은 기억의 불빛이며, 민족의 자긍심이고, 진짜 리더십의 상징이다.

시대는 흐르고, 역사는 남는다

지금은 많은 시간이 흘러 바다도, 사람도, 세상도 변했지만, 등대는 여전히 그 자리에 있다. 무능한 임금이 백성을 버리고 도망쳤던 땅, 한 명장이 몸을 던져 나라를 지켜낸 바다, 그 극명한 대비가 지금도 선명하다. 한산 바다는 오늘도 묻는다. 당신은 무엇을 지키고 있는가, 지금 이 시대의 암초 앞에서 당신은 어떤 불빛을 밝히고 있는가.

불 밝힌 날 1963년 12월 30일
등대 위치 경상남도 통영시 한산면 두억리 / 염호리 해상
등대 높이 13m

군사 요충지에 자리 잡은 역사의 보고,
죽변등대

경상북도 울진, 그 푸른 동해의 품속에 자리한 죽변등대를 다시 찾은 것은 한여름이 본격적으로 시작되던 7월 말이었다. 뜨거운 햇살과 짙푸른 파도가 맞닿는 그 풍경 속에서, 나는 익숙한 길을 걸었다. 처음 그곳을 찾았을 때의 설렘은 없었지만, 세 번째 만남은 오히려 따뜻한 재회의 기쁨을 안겨주었다.

처음엔 '아름다운 등대' 탐방을 완주한 후 보상처럼 자발적으로 찾았고, 두 번째는 코로나19가 극심하던 2020년 2월, '이달의 등대'로 선정되었을 때 방문한 기억이 있다. 당시에는 팬데믹으로 인해 모든 시설이 통제되어 문밖에서 인증사진 한 장 남긴 뒤 발걸음을 돌려야 했지만, 이미 마음에 품은 장소였기에 아쉬움은 덜했다.

그리고 이렇게 세 번째. 인생의 많은 순간들이 그러하듯, 미처 예측하지 못한 시점에 우리는 다시 어떤 장소, 어떤 사람, 어떤 기억과 마주하게 된다. 죽변등대와 나의 인연도 그런 흐름 속에 있었다.

죽변등대는 울진 지역에서 최초로 세워진 등대이다. 이곳은 단순한 항로의 이정표가 아니다. 그 자체가 역사의 한 페이지다. 1907년, 일본군은 러일전쟁 후에도 이어지는 러시아군의 동해 진출을 감

죽변등대

시하기 위해 이곳에 등대를 건립했다. 프랑스인이 설계를 맡았으며, 등대는 1910년 11월 24일 처음으로 불을 밝혔다. 당시에는 조선이 국권을 빼앗긴 시기로, 이 등대 역시 일제의 군사 전략과 식민 지배의 하나로 세워졌다는 사실은 씁쓸한 역사적 그림자를 드리운다.

세월이 흐른 후 이 등대는 한국의 바다를 지키는 수호자로 변모했다. 한국전쟁 당시 폭격으로 기능을 잃었지만, 1951년 10월 보수를 통해 다시 그 빛을 되찾았다. 이후 1970년에는 안개나 폭우로 시야가 제한되는 날에도 선박을 안내할 수 있도록 소리 신호기까지 갖추게 된다.

등탑 내부는 통풍을 고려해 층마다 창문을 교차 배치했고, 천장에는 태극 문양이 새겨져 있다. 이는 원래 대한제국 황실의 상징인 오얏꽃 문양이었던 것으로, 역사적 시간의 겹침과 단절을 동시에 보여주는 흥미로운 요소이기도 하다.

죽변등대를 바라보고 있으면 문득, 바다를 지키는 마도로스가 떠오른다. 그는 먼 항해 끝에 조국의 항구로 돌아온 선장처럼 늠름하다. 온갖 풍랑을 이겨내고 묵묵히 제자리를 지켜낸 장군처럼 의연하다. 그러나 동시에, 수많은 밤을 홀로 견뎌냈을 등대의 무심한 외로움도 느껴진다. 이는 마치 우리 인생 속 굳건한 존재들, 묵묵히 곁을 지켜주는 누군가를 떠올리게도 한다.

100년이 넘는 세월 동안 빛을 밝히며 선박의 안전을 지켜온 죽변등대. 그러나 그 이면에는 일제의 군사적 필요로 시작된 역사, 침략의 도구로 기능했던 사실 또한 잊지 말아야 한다. 내가 여러 등대를 다니며 체감한 것은, 우리가 바다의 안전을 위해 세웠다고 믿고 있는 등대 중 많은 수가 실제로는 일본의 제국주의를 위한 도구로 활용되었다는 사실이다. 나라가 침탈당하면, 우리가 누리는 모든 자원이 어떤 방식으로든 점령자의 목적에 따라 재편된다는 것. 등대 하나에도 그 증거가 새겨져 있는 셈이다.

죽변등대를 세 번째 찾은 이번 여행은 단순한 재방문 이상의 의미를 지닌다. 이곳은 시간의 켜를 안고 서 있는 공간이다. 수많은 이야기가 켜켜이 쌓여 있고, 그 이야기 속에 내가 있었다. 그리고 또다시, 이곳을 찾은 이 순간이 또 하나의 층위를 이룬다. 여름 햇살에 반짝이는 등대의 백색 외벽을 바라보며, 나는 다시금 되뇐다. 역사를 기억하는 것은 곧 미래를 지키는 일이라는 것을.

불 밝힌 날 1910년 11월 24일
등대 위치 경상북도 울진군 죽변면 등대길 52
등대 높이 16m

물결이 빚어낸 수채화,
고군산군도의 끝 말도등대

　말도등대를 만나기 위한 여정은 그 자체로 하나의 작은 모험이었다. '말도末島', 이름처럼 섬의 맨 끝자락에 자리 잡은 이 작은 섬은, 고군산군도 중에서도 가장 멀고 외진 곳이다. 등대 여행을 하지 않았더라면 아마 평생 한 번도 가보지 않았을 이곳에 오기 위해 나는 다시 군산을 찾았다. 군산은 등대가 아니라도 몇 차례 방문했던 도시다. 하지만 등대를 향한 발걸음은 늘 새롭다. 이전에는 어청도에 가기 위해, 또 선유도를 거쳐 오기 위해 지나쳤던 군산. 이번엔 말도를 만나기 위해 이곳에 도착했다.

　해가 저물 무렵, 나는 군산의 명물 중 하나인 소고기뭇국으로 저녁을 해결하기로 했다. 평일이라 비교적 한산했지만, 문 닫기 직전 마지막 손님으로 간신히 들어설 수 있었다. 지난번 방문 때는 줄이 너무 길어 아쉬운 마음으로 발길을 돌려야 했기에, 이번엔 더욱 간절했다. 깊고 구수한 국물에 잘 익은 무와 부드러운 소고기가 어우러진 그 따뜻함이 피로를 달래주었다.

　식사를 마치고는 간식을 사기 위해 군산의 유명한 빵집을 찾았다. 전국적으로 입소문이 자자한 곳이다. 하지만 이미 대부분의 빵

이 동이나 있었고, 몇 가지 겨우 집어 들 수 있었다. 기대했던 만큼은 아니었지만, 그것도 여행의 한 장면이다. 그렇게 밤이 깃든 군산의 거리를 천천히 걸었다. 오래된 건물과 간간이 스며드는 바닷바람, 어두운 골목 사이로 흐르는 노란 불빛들이 만들어낸 분위기가 낯설지 않게 다가왔다.

    다음 날 아침, 나는 장자도 선착장에서 배를 타기 위해 일찍 서둘렀다. 장자도는 고군산군도의 중심 같은 섬으로, 말도행 배는 이곳에서 출발한다. 오전 11시, 드디어 말도를 향해 떠나는 배에 몸을 실었다. 말도는 그 이름처럼 '끝섬'이다. 실제로 군산 앞바다 고군산

말도등대

군도 중에서도 가장 끝자락에 있는 외딴섬이다. 작고 고요한 이 섬은 평소엔 그 존재조차 잊고 살기 쉽지만, 그곳에 서 있는 등대 하나가 이 섬의 의미를 더욱 특별하게 만든다.

말도는 조선 중엽, 한양에서 귀양 온 심 판서가 처음 정착하며 사람이 살기 시작했다고 전해진다. 고려시대 고군산군도가 지도에 처음 등장하던 그 시기에는 무인도였던 이곳이, 시간이 지나며 누군가의 삶의 터전이 되고, 지금은 누군가의 여행 목적지가 되었다. 그렇게 역사와 시간이 겹겹이 쌓인 이 섬은, 그 자체로 하나의 이야기다.

배를 타고 40여 분, 서해의 잔잔한 물결을 따라 말도에 도착했다. 이 정도의 거리는 이젠 나에게 전혀 어려운 길이 아니다. 등대를 찾아 수많은 섬과 바다를 건넌 나에게는, 바다 위의 항로가 익숙한 길처럼 느껴진다. 맑은 하늘과 잔잔한 물빛 속에서 말도는 조용히 그 모습을 드러냈다.

선착장에서 내리면 왼편 산등성이를 따라 길이 이어진다. 해안선을 따라 난 오솔길은 조용하고 고요했다. 파도 소리를 들으며 30분쯤 걸으면, 해송과 바위 틈 사이로 우뚝 선 등대가 모습을 드러낸다. 드디어 말도등대와 마주하게 되는 순간이다.

말도등대는 1909년 11월 1일, 일본 제국에 의해 건설되었다. 무려 100년이 넘는 시간을 견디며, 지금까지도 꿋꿋이 바다를 지키고 있는 이 등대는 우리나라에서 가장 오래된 철근 콘크리트 등대 중 하나다. 높이 26m의 이 하얀 등대는 고군산군도를 통과하는 모든 선박의 길잡이였고, 지금도 변함없이 역할을 이어가고 있다. 거친 바다 위에서 길을 잃은 배에게 등대는 곧 희망이고, 생명이다.

멀리서 바라보던 등대가 가까워질수록 마음이 조급해졌다. 괜히 한 걸음 더 빠르게 걷게 되고, 가슴은 두근거린다. "말도 안 되게 또 이곳까지 왔다."는 생각이 스친다. 그러나 사실, 이 고립된 섬에 끌리는 것은 그만한 이유가 있다. 물에 둘러싸인 섬에서는 사람의 의지와 무관하게 몇 시간에서 혹은 하룻밤을 묵어야 나갈 수 있다. 그런 자발적 고립 속에서 나는 스스로를 조용히 되돌아보고 한 걸음 떨어져서 세상을 바라볼 수 있다. 등대가 있는 섬은 늘 그렇게 나에게 사색의 공간이 되어 준다.

점심은 준비해 간 간식으로 간단히 해결했다. 나갈 배를 기다리며 등대 아래 벤치에 앉아 바다를 바라본다. 아무 일도 하지 않아도 좋은, 아무 생각이 없어도 괜찮은 시간. 이 무인도 같은 말도에서 나는 그저 서해의 바람이고 싶다. 혹은 바위에 부딪히며 하얗게 부서지는 파도의 포말이 되고 싶다. 그런 마음으로 그늘 아래 앉아 물멍을 즐긴다.

뜨거운 8월의 햇살이 등대를 눈부시게 비춘다. 백색의 등대가 태양빛에 반사되어, 마치 신비로운 존재처럼 느껴진다. 나는 그 빛에 이끌려 등대 주변을 몇 바퀴 천천히 돌며, 이곳에 온 사실을 실감한다. 한 바퀴, 또 한 바퀴, 시간은 천천히 흐른다.

말도는 관광지로 유명한 섬은 아니다. 하지만 그래서 더 좋다. 아무도 없는 해변, 조용한 해안 길, 고요히 서 있는 등대. 이 모든 것이 하나의 거대한 풍경화를 만들어낸다. 고군산군도의 63개 섬이 모여 그려내는 이 수채화 같은 풍경에서, 말도등대는 그 끝에 찍힌 마지막 붓질처럼 소중하다.

마침내 돌아갈 시간이 다가왔다. 엉덩이를 털고 일어나 말도등대와 작별한다. 언젠가 다시 올 수 있을까? 기약할 수 없지만, 이곳에서 보낸 시간은 오래도록 마음속에 남아 있을 것이다. 참으로 말도 안 되게 아름다운 날, 말도등대를 만날 수 있어서 진심으로 행복했다.

불 밝힌 날 1909년 11월 1일
등대 위치 전라북도 군산시 옥도면 말도 2길 29
등대 높이 26m

노을이 아름다운 제주항의 이정표, 산지등대

제주의 해풍을 따라 걷는 길 끝, 바다와 하늘이 맞닿는 곳에 한 점 빛처럼 서 있는 산지등대. 나는 제주 도대불* 탐방을 마치고 돌아오는 길에 산지등대에 잠시 들렀던 기억이 있다. 그날은 늦가을 비가 여름 장맛비처럼 거세게 내리던 날이었다. 회색빛 구름 아래 서 있는 등대의 모습은 묘하게 고요하고, 처연하면서도 위엄이 있었다. 그때는 2018년 11월, 아직 산지등대에 등대지기가 머물던 유인 등대 시절이었다.

시간이 흐르고 다시 찾은 산지등대는 이제 무인 등대가 되어 있었다. 사람은 없었지만, 등대는 여전히 제자리를 지키며 그 자리에서 묵묵히 제주항과 푸른 바다를 내려다보고 있었다. 제주시 중심과 멀지 않은 곳에 있으면서도, 산지등대 주변은 도시의 소음이 닿지 않는 맑고 청량한 풍경이 펼쳐진다. 시내 공항에서 시티투어 버스를 타고 손쉽게 닿을 수 있는 거리지만, 도착해 마주하는 풍광

● **도대불** 제주에만 존재하는 전통 등대로, 민간인들이 돌을 쌓아 만든 항로 표지. 전기가 들어오기 전까지 포구의 등대로 어민들의 길잡이 역할을 했다. 방치되어 있던 도대불은 2021년 7월 근현대 문화유산으로 등록되며 재조명되고 있다.

은 마치 먼 바다 섬에 닿은 듯한 감동을 안겨준다.

산지등대는 사라봉 북쪽 비탈면 위에 자리 잡고 있다. 제주항이 시원하게 내려다보이는 곳. 푸른 바다 위로 부드럽게 스치는 바람과 파도 소리가 귀를 간질이는 풍경이다. 일제강점기인 1916년 10월, 처음에는 무인 등대로 설치되었고, 이듬해인 1917년 3월에는 유인 등대로 바뀌었다. 1999년 12월에는 새롭게 등탑이 신설되었고, 지금은 근대와 현대가 공존하는 이색적인 모습으로 관광객을 맞이한다. 100년이 넘는 시간을 등지고 선 이 등대는 이제 제주의 상징처럼 자리 잡고 있다.

'산지'라는 명칭은 조선 숙종 시대 제작된 '탐라순력도'에 산지촌으로 기록된 데서 유래한 이름이라고 한다. 일부에서는 원래 '산저'였다는 설도 전해지는데, 어떤 유래이든 이 이름 속에는 제주의 긴 역사와 사람들의 삶이 담겨 있다. 산지등대는 도심과 가까운 위치에 있어 체험학습 장소로도 인기가 많다. 특히 일몰 무렵, 등대 앞 바다에는 수십 척의 고기잡이배들이 불을 밝혀가며 그림처럼 떠 있고, 여름에는 '노을 버스킹'과 같은 문화행사가 열려 관광객과 시민 모두에게 감동을 안겨준다.

이번에는 공항에서 시티투어 버스를 타고 산지등대로 향했다. 밤새 비가 내렸고, 새벽까지도 잔뜩 내려앉은 회색 하늘에 걱정이

앞섰지만, 제주 땅을 밟는 순간 맑게 갠 하늘과 눈부신 햇살이 우리를 반겨주었다. 그 대신 한여름 특유의 후덥지근한 공기가 낮의 더위를 미리 알려주고 있었다.

산지등대에 도착한 시간은 오전 열 시가 채 되기 전이었다. 등대 입구에 발을 디디자마자, 눈앞에 펼쳐진 제주항의 아침 풍경은 숨이 멎을 만큼 아름다웠다. 햇살을 받아 은빛으로 반짝이는 바다, 잔잔하게 일렁이는 윤슬이 수면 위를 수놓고, 멀리 정박해 있는 배들은 마치 정지된 그림 속 한 장면처럼 고요했다. 자연이 만들어낸 은빛 무대 위로 등대가 우뚝 서 있는 모습은 그 자체로 한 편의 시였다.

산지등대는 신·구 등대가 나란히 서 있어 옛것과 새것이 조화를 이루는 독특한 장소이다. 처음 무인 등대로 시작해, 한때는 유인 등대로, 그리고 다시 무인 등대로 되돌아왔지만, 그 변화 속에서도 산지등대만의 아름다움은 조금도 바래지 않았다. 오히려 시간의 겹이 더해지며 더욱 깊이 있는 풍경이 되었다.

등대를 향해 발걸음을 옮기던 중, 어디선가 은은한 피아노 소리가 들려왔다. 처음에는 등대 어딘가에서 흘러나오는 스피커 음악이라 여겼다. 하지만 소리가 끊기고 다시 이어지는 것을 보니 누군가 직접 연주하고 있는 것이었다. 소리에 이끌려 발걸음을 옮기니,

산지등대

바다를 배경으로 무대처럼 펼쳐진 야외 공간에 한 피아니스트가 피아노를 치고 있었다. 베토벤의 '월광 소나타', 그 잔잔하고도 깊은 울림이 아침의 등대 풍경과 어우러져 말로 표현하기 어려운 감동을 자아냈다.

그는 여름마다 열리는 '노을 버스킹'에 출연하는 연주자였다. 그는 저녁 공연을 위해 연습을 하고 있던 참이었다. 우리는 조용히 그의 뒷모습을 바라보며 연주를 감상했다. 파란 하늘에 뭉게구름이 흘러가고, 짙푸른 바다와 하얀 등대, 그리고 은은한 피아노 선율…. 그 순간은 마치 시간이 멈춘 듯, 일상과 완전히 분리된 또 하나의 세계처럼 느껴졌다.

여행이란 언제나 비일상의 즐거움을 안겨준다. 때로는 예기치 못한 변수로 발걸음을 붙잡기도 하지만, 이렇게 선물처럼 다가오는 장면을 만들어 주기도 한다. 피아노 소리가 바람을 타고 퍼지고, 그 위로 갈매기 울음이 얹히며, 바다는 조용히, 그러나 확실하게 우리 마음에 흔적을 남겼다.

노을이 물들 무렵 이곳에 다시 오게 된다면, 월광 소나타의 선율과 함께 해지는 바다를 바라보며 하루를 마무리하고 싶다. 붉게 물든 하늘 아래 어선들이 하나둘 불을 밝히는 모습, 바다 위를 떠다니는 불빛들이 밤하늘의 별처럼 반짝일 때, 그 풍경은 두고두고 기억에 남을 것이다.

이번에는 끝내 해 질 녘의 버스킹을 즐기지 못했지만, 다음을 기약하며 이곳을 떠난다. 언젠가 다시, 찬란한 노을 속에서 아름다운 선율과 바다의 숨결을 느끼며 또 하나의 아름다운 순간을 기록하게 되리라.

불 밝힌 날 1916년 10월 1일
등대 위치 제주특별자치도 제주시 사라봉동길 108-1
등대 높이 18m

신안 1004섬들의 안전 길잡이,
암태도등대

새벽 어스름이 채 걷히기도 전, 나는 긴 여정으로 전라권의 등대 세 곳을 순례하기로 했다. 첫 목적지는 해남 땅끝마을에 우뚝 서 있는 목포구등대. 두 번째 방문이었기에 오래 머무르지는 않았지만, 위풍당당한 그 모습은 여전히 당차고 활기찼다. 그곳을 뒤로한 채 두 번째 목적지, 암태도등대를 향해 발걸음을 옮겼다.

신안, 1004개의 섬이 흩어져 있는 군도群島의 고장. 수많은 섬 사이를 잇는 천사대교를 건너다보면 마치 바다 위를 달리는 듯한 착각에 빠진다. 퍼플교로도 불리는 이 다리는 연보랏빛 난간이 인상적인데, 파란 바다와 어우러져 몽환적인 풍경을 자아낸다. 다리를 지나 오도 선착장에 도착해 차량을 주차한 뒤, 암태도등대로 향했다.

해남에서 맑았던 하늘은 이곳에 이르니 잿빛으로 물들고, 구름은 걸음을 늦추다 어느새 금방이라도 비를 쏟아낼 듯 몰려들었다. 나는 조급한 마음에 등대로 향하는 숲길을 거의 뛰듯 걸었다. 수풀 사이로 이어진 오솔길, 길가에 이따금 나타나는 붉은 홍게들이 무심히 기어 다니는 풍경조차 눈에 담지 못할 만큼 마음이 바빴다.

　　암태도는 이번이 처음이었다. 이 섬의 이름을 처음 들었을 때 떠오른 것은 학창 시절 배운 '암태도 소작쟁의'뿐. 그 외의 것은 전혀 아는 바가 없었다. 하지만 섬은 곧 조용히, 그러나 깊이 있는 표정으로 나를 맞이했다. 목포에서 서쪽으로 28.5km 떨어진 암태도는, 동쪽으로는 유달산을 바라보고, 남쪽으로는 팔금면, 북쪽으로는 자은면과 마주한 곳. 섬 주변엔 검고 거친 바위들이 병풍처럼 둘러싸여 있고, 섬 안쪽으로는 비옥한 간척지가 펼쳐져 있다. 그리하여 암태도岩泰島라는 이름이 붙여졌다고 한다.

암태도등대

섬은 예로부터 쌀, 보리, 마늘 등 논 밭작물과 해태양식으로 풍요로움을 누려왔다. 간척지 특유의 미질 덕분에 이름난 암태도 쌀은, 이곳이 단순한 바다 섬이 아니라 한 시대 농업경제의 중심이었음을 말해준다. 하지만 이 비옥함 뒤에는 눈물과 고통의 역사가 깃들어 있었다.

1924년, 이 조용한 섬에서 일어난 '암태도 소작쟁의'는 우리나라 소작쟁의의 효시이자 농민운동의 출발점으로 기록된다. 당시 고율의 소작료에 시달리던 농민들이 항거에 나섰고, 1년에 걸친 저항 끝에 수많은 농민이 구속되고 희생당했다. 이들의 투쟁은 단순한 생존의 몸부림을 넘어, 농민의 권리와 인간의 존엄을 지키기 위한 역사적 외침이었다. 그 항거의 기억을 기리기 위해 1998년, '암태도 소작인항쟁기념탑'이 세워졌고, 그 높이 6.74m의 탑은 오늘도 묵묵히 그 역사를 증언하고 있다.

불합리와 착취는 시대를 불문하고 다양한 얼굴로 존재해 왔다. 지금 우리가 살아가는 시대 역시 형태는 달라도 여전히 누군가는 더 많은 것을 가지고, 누군가는 당연한 권리를 위해 싸워야 하는 현실에 놓여 있다. 암태도의 항쟁이 오늘날 우리에게 전하는 메시지는 명확하다. 권리는 스스로 지켜야 하며, 역사는 결코 가만히 있는 자를 위해 움직이지 않는다는 것. 이 작은 섬의 거대한 외침은 우리가 어떤 세상을 향해 나아가야 할지를 되묻고 있다.

그런 사유에 잠겨 걷던 중, 마침내 숲을 지나 암태도등대에 도착했다. 조용히, 아주 고요히 산속에 우뚝 서 있는 백색 등대 하나. 주변엔 사람도, 건물도, 어떤 부대시설도 보이지 않았다. 하얀 외벽에 시간이 묻어 있고, 그 고요함은 마치 오래된 시 한 편처럼 마음에 스며들었다.

1913년 11월, 바닷길을 밝히기 위해 세워진 암태도등대는 높이 7m의 아담한 단층 원형 구조다. 백색의 등탑은 그 자체로 수수하고 고요하며, 상단 등화는 4초 주기로 반짝이며 무려 13km 밖의 바다를 비춘다. 둥그스름하게 튀어나온 반원형 입구와 고전 양식의 기둥 장식, 상부의 20cm 장식 띠까지 이 등대는 작지만 섬세하고 조화로운 아름다움을 간직하고 있다.

등대 앞에 서 있자니, 갑작스레 하늘에서 천둥소리가 울렸다. 검은 구름이 몰려오고, 바람이 나뭇잎을 거칠게 뒤흔들었다. 비가 쏟아지기 전 빠르게 발걸음을 돌렸다. 배낭을 고쳐 메고 왔던 길을 헐레벌떡 되돌아 달려갔다. 홍게 한 마리가 다급한 나처럼 길을 건너고 있었다.

오도 선착장에 도착해 차에 올라타는 순간, 기다렸다는 듯 하늘이 터졌다. 천둥과 번개, 그리고 폭우. 우리는 비에 젖지 않았지만, 암태도등대와의 작별 인사도 나누지 못한 채 그 풍경 속에서 빠져나왔다. 뒷 유리 너머로 스쳐 가는 숲과 하늘, 그리고 보이지는 않으나 보이는 것 같은, 등대의 희미한 실루엣이 아쉽게만 느껴졌다.

암태도등대는 다른 어떤 등대보다도 외로워 보였다. 사람도, 건물도, 다가갈 안내도 없이 혼자서 산속에 오도카니 서 있었다. 하지만 그 외로움은 고립이 아닌, 고요한 존재감이었다. 역사의 슬픔과 함께 시간을 견뎌낸 등대, 바다의 길을 묵묵히 밝혀온 등대. 그 자리에 있는 것만으로도 충분한 존재였다.

언젠가 다시, 구름 한 점 없는 맑은 날에 이 등대를 찾고 싶다. 조용히 등대 아래 앉아 바람 소리와 파도 소리를 들으며, 이 고요한 섬의 시간에 다시 몸을 맡기고 싶다. 그리고 그날은 꼭, 암태도등대에 따뜻한 인사도 전하고 돌아오리라.

불 밝힌 날 1913년 11일
등대 위치 전라남도 신안군 암태면 신석리 산 39
등대 높이 7m

2부

길 위에서 만난 재미있는 등대들

물치항방파제등대

삼길포항방파제등대

창포말등대

감포항남방파제등대

정자항북방파제등대

선유도항방파제등대

포교항방파제등대

칠암항남방파제등대

구시포항남방파제등대

서암항남방파제등대

톱머리항방파제등대

목포북항동방파제등대

완도항방파제등대

여수구항방파제하멜등대

도남항동방파제등대

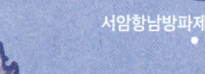

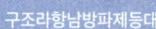
구조라항남방파제등대

이호랜드방사제등대

────────── 2022년 봄, 등대 스탬프 투어 시리즈 3, '재미있는 등대'가 새롭게 열렸다. 국립등대박물관에서 등대여권을 신청하고 받는 순간, 가슴 속에서 다시 여행이 시작되었다. 등대여권 안에 적힌 이번 목적지는 총 17곳. 이름처럼 독특하고 재미있는 외형을 가진 방파제 등대들이었다.

이전 시리즈보다 난도는 낮다고 했지만, 전국을 아우르는 여정은 여전히 만만치 않았다. 강원도 양양에서부터 제주도, 충남 서산까지, 동해와 남해, 서해를 두루 돌아야 했기 때문이다. 하지만 나는 오히려 그것이 즐거웠다. 그동안의 경험이 나를 한층 단단하게 만들어 주었고, 무엇보다도 이번에는 혼자 떠나보자는 결심을 했다.

나는 저시력자다. 낯선 곳을 혼자 찾는 일이 종종 두려움으로 다가오기도 한다. 그러나 길 위에서 만난 수많은 사람들, 뜻밖에 내민 친절한 손길들은 내 안에 용기를 키워주었다. 그래서 이번에는 가능한 한 대중교통을 이용해, '뚜벅이 여행자'로 도전해 보기로 했다.

등대들의 별칭은 이번 여행의 또 다른 즐거움이었다. 물치항의 '송이등대', 서산 삼길포항의 '우럭등대', 부산 칠암항의 '야구등대', 군산 선유도의 '기도등대', 울산 정자항의 '귀신고래등대' 등…. 마치 아이처럼 이름을 붙여준 등대들은 구조물의 기능뿐 아니라, 이야기를 품은 존재처럼 느껴졌다.

여행은 4월부터 8월까지 약 4개월 동안 이어졌다. 때로는 기차와

버스 시간표를 손에 쥐고, 때로는 막차에 쫓기며 발걸음을 재촉하면서 하루하루를 등대로 물들여갔다. 여수의 하멜등대는 혼자서 다녀온 첫 번째 여정이었다. 조용한 항구와 진홍빛 등대가 나를 반겨주었고, 나는 조용히 그 앞에 서서 바다와 등대를 마음에 담았다. 서산의 우럭등대는 막차와 막차를 갈아타며 아슬아슬하게 닿은 끝자락의 등대였다. 마산에서 고성으로 이어지는 길에서는 택시 기사님과 함께 하루를 보내며 이야기꽃을 피웠고, 포교항등대에 도착했을 땐 서로 기쁨을 나누었다.

이번 여행에서도 많은 이야깃거리를 안고 돌아왔다. 새로운 길을 찾아가는 불안함, 예상치 못한 친절, 그리고 등대 앞에 섰을 때의 뭉클함이 차곡차곡 마음에 쌓여 갔다. 마지막 여정이었던 제주도. 이호랜드 방사제등대를 끝으로 '재미있는 등대' 17곳을 모두 마무리했다. 마지막 도장을 찍으며, 나는 조용히 웃었다.

길 위에서 나는 조금 더 용기 있는 사람이 되었다. 눈에 보이는 세상이 전부가 아님을 알기에, 그 너머를 향해 걸을 수 있었고, 때로는 낯선 풍경 속에서 스스로에게 작은 박수를 보낼 수 있었다. 등대는 늘 같은 자리에 있었지만, 그 앞에 선 나는 조금씩 달라져 있었다. 그리고 그 변화야말로, 내가 이 여정을 시작한 이유였는지도 모른다.

즐거운 표류
여수구항방파제하멜등대

　섬진강 휴게소에서 버스가 멈췄다. 15분간 휴식. 이른 아침 집을 나설 때만 해도 크게 걱정하지 않았다. 그 기분은 어느새 자취를 감췄고, 대신 불안이 스며들기 시작했다. 낯선 길 위에서 어딘가로 표류하게 될지도 모른다는 불길한 예감 때문이었다.

　여수를 당일치기로 다녀오려던 여정이었다. 울산에서는 시간표가 맞지 않아 부산 노포동으로 이동했고, 노포동 시외버스터미널에서 여수행 티켓을 끊으려던 순간, '운행 중단'이라는 말이 들려왔다. 코로나 여파로 직행이 없다는 것이다. 귀를 의심했지만 현실이었다. 당황해 매표소 앞에서 망연자실한 채 서 있는데 직원이 슬며시 귀띔했다. "순천을 거쳐 가는 건 가능해요." 그 말 한마디에 망설임 없이 바로 순천행 버스에 몸을 실었다. 선택의 여지는 없었고, 직감이 이끄는 대로 따라야 할 시간이었다.

　버스는 무심하게 도로 위를 달렸다. 무채색 풍경처럼 이어지는 창밖에 지루함이 밀려오자 휴대폰을 꺼내 검색을 해봤다. 그제야 알았다. 순천에서 여수까지 꽤 거리가 있다는 사실을. 그리고 그때서야 오늘 중으로 돌아오지 못할 수도 있다는 예감이 머릿속을 스쳤다. 살짝 공포에 가까운 불안이 밀려왔다.

사실 나에게, 낯선 길을 혼자 떠나는 일은 작은 모험이자 하나의 도전이다. 그래도 이번만큼은 익숙한 여수였고, 목적지도 그리 어렵지 않은 곳이기에 감히 떠날 수 있었다. 아침 일찍 출발하면 해 지기 전엔 돌아올 수 있을 것이라 생각했었다.

버스가 휴게소에 도착해 승객들이 하나둘 내리기 시작했다. 나도 몸을 일으켰고, 마침 먼저 내린 누군가가 기사에게 여수행 환승 가능 여부를 묻는 소리가 들렸다. "어머, 저도 여수 가는데요!" 나도 모르게 반가움이 입 밖으로 튀어나왔다.

비슷한 연배로 보이는 남자는 잠시 기다리라며 발 빠르게 움직였다. "여수행 버스가 이곳에서 한 시간을 기다려야 탈 수 있대요." 고민 끝에 우리는 의견을 모았다. 차라리 지금 이 버스를 그대로 타고 순천까지 가는 게 낫겠다고.

그렇게 나는 길 위에서 길동무를 만났다. 같은 목적지를 향하는 누군가가 있다는 사실만으로도 마음이 놓였고, 조금 전까지의 불안은 어느새 사라졌다. 버스가 다시 출발하자, 그는 앞자리를 비우고 내 옆으로 와 앉았다. 어디에 가는 길인지 묻지도 않았지만, 대화는 자연스럽게 흘러갔다.

나는 '하멜등대'를 찾아가는 길이라고 말했다. 그 말을 들은 그

하멜등대

는 신기하다는 듯 흥미를 보였다. 나는 준비해 온 '등대 기행집'을 꺼내 그에게 건넸다. 등대에서 누군가를 만나면 주려고 챙겨온 책 한 권, 그 책을 주기에 딱 맞는 사람이 눈앞에 있었던 것이다.

그는 교사 출신이라 했다. 몇 해 전 명예퇴직을 하고, 취미 생활을 누리며 지내는 중이라고 했다. 수석과 LP판 수집이 그의 취미였고, 이번 여수행은 오래된 레코드를 사기 위한 여정이었다. 고인이 된 가수 김광석의 희귀 LP를 찾아가는 길이란다. 수집가와 등대 기행가. 서로가 서로에게 신기한 존재였지만, 묘하게도 우리는 비슷한 결을 지닌 사람이란 느낌이 들었다.

순천에 도착한 우리는 KTX로 환승하여 여수엑스포역에 내렸다. 그곳에서 각자 길을 나섰고, 미션을 마친 후엔 부산 사상으로 돌아오는 일정도 같았다.

나는 택시를 타고 곧장 하멜등대로 향했다. 다소 흐린 날씨였지만 5월의 부드러운 바람이 불어 걷기에 더없이 좋았다. 여수구항 방파제를 따라 걷는 길, 벽면마다 하멜의 이야기가 시간순으로 새겨져 있었다. 끝자락에 선 진홍빛 등대. 그 앞에 서니 마치 바다가 전해주는 오랜 비밀 하나를 마주하는 듯했다. 등대는 무심한 듯 바다를 향해 서 있었지만, 그 안엔 수백 년 전 표류자의 마지막 숨결이 서려 있는 듯했다.

1653년, 일본 나가사키로 향하던 네덜란드 상선 '스페르웨르' 호는 폭풍에 휘말려 제주도 인근 해역에서 난파되었다. 배에 타고 있던 하멜 일행은 조선 땅에 억류되어, 무려 13년 동안 떠돌이처럼 지내야 했다. 그리고 그들의 마지막 머문 땅이 바로 여수였다.

하멜등대는, 표류의 상징이자 귀환의 희망이다. 그들이 겪었을 두려움과 고통은 상상조차 되지 않는다. 나는 잠시 벤치에 앉아, 케이블카가 바다 위를 가로지르는 풍경을 바라보았다. 언어도 문화도 전혀 다른 땅에서 13년을 버텨낸 삶. 같은 언어를 쓰는 우리 땅에서 단 하루 표류했을 뿐인데도, 나는 그저 길을 잃을까 두려워 발을 동동 굴렀다.

하멜은 귀환을 포기하지 않았다. 그 끈질긴 의지가 그를 본국으로 돌려보냈고, 결국 『하멜 표류기』라는 기록으로 남았다. 그는 살기 위해 기록했고, 돌아가기 위해 견뎠다.

삶도 그런 것 아닐까. 가끔은 계획과 다르게 난파되고, 예상치 못한 방향으로 밀려나지만, 그럼에도 우리는 나아간다. 실오라기 같은 희망이라도 손에 쥐고, 끊어지지 않게, 놓치지 않으려 애를 쓴다.

나의 이 여행도 어쩌면 그런 삶의 축소판이 아닐까 싶다. 조금은 두렵고, 때론 불확실하지만, 이 모든 과정을 통해 나는 한층 단단해진다. 그리고 지금 이 순간을, 오롯이 살아 있음에 감사하게 된다.

시력이 더 나빠지기 전에, 이렇게라도 떠날 수 있을 때 떠나는 것! 그것이 내가 살아가는 방식이다. 벤치에서 일어나 등대를 마지막으로 올려다본다. 고요히 바다를 바라보는 그 모습을 마음에 새기며, 나는 긴 방파제를 천천히 걸어 나왔다.

터미널에 도착하니, 평일인데도 버스표는 매진이었다. 두 시간을 기다려야 했다. 다행히 단 두 자리가 남아 있었고, 그중 하나는 내 몫이 되었다. 섬진강 휴게소에서 만났던 길동무는 어찌 되었을까 궁금했는데, 기적처럼 다시 마주쳤다. 그는 김광석의 LP 다섯 장을 품에 안고 나타났고, 얼굴엔 뿌듯한 미소가 가득했다.

우리는 같은 버스에 나란히 앉아, 다시 네 시간을 달려 부산에 도착했다. 그는 길눈 어두운 나를 배려해 해운대역까지 함께 걸어주었고, 동해선 환승까지 친절히 안내해 주었다.

그렇게, 무려 16시간 만에 끝난 여정이었다. 예기치 않은 경로, 우연한 만남, 예상하지 못한 감동이 가득했던 하루, 참으로 즐거운 표류였다.

불 밝힌 날 2005년 11월 28일
등대 위치 전라남도 여수시 종화동 458-7
등대 높이 10m

칠암항남방파제등대, 서암항남방파제등대
야구등대와 젖병등대

　부산 기장군에 자리한 칠암항과 서암항은 내가 사는 곳에서 한 시간도 채 걸리지 않는 가까운 거리다. 부담 없이 다녀올 수 있겠다는 생각에, 가벼운 마음으로 길을 나섰다. 특히 칠암항은 붕장어로 이름난 곳으로, 가족 모임이나 친구들과의 식사 자리로 자주 찾는 곳이다. 항구 주변에는 싱싱한 해산물을 내세운 횟집들이 줄지어 서 있고, 그 너머로 시선을 옮기면 방파제 위에 서 있는 여러 개의 등대들이 눈에 들어온다. 야구등대뿐 아니라 붕장어등대, 갈매기등대 등 개성 있는 등대들이 한자리에 모여 있어, 그 자체로도 관광객들의 발걸음을 붙잡는다.

　그동안 나는 멀리서 바라보기만 했던 야구등대를 이번에는 직접 찾아갔다. 방파제를 따라 걷다 보니, 야구방망이 모양의 등대 몸통이 시야에 들어왔다. 양옆에는 야구공과 글러브 모양이 장식되어 있어, 멀리서도 단번에 '야구등대'임을 알아볼 수 있었다.

　칠암항 야구등대는 2008년 베이징 올림픽에서의 야구 우승을 기념하고, '야구 도시'라 불리는 부산의 야구 사랑을 상징하기 위해 세워졌다. 2010년 11월 10일 첫 불을 밝혔으며, 높이는 10m. 부산광

야구등대

젖병등대

역시 기장군 일광면 칠암리 바닷가 끝자락에서 오늘도 묵묵히 바다를 비추고 있다. 바다 위로 부서지는 햇빛 속에서 반짝이는 하얀 등대의 모습은, 마치 오랫동안 그 자리를 지켜온 노련한 선수처럼 듬직하고도 여유로웠다.

야구등대를 뒤로하고, 이번에는 서암항의 젖병등대로 향했다. 칠암리에서 연화리로 이동하는 길은 해안선을 따라 이어져 있었고, 차창 밖으로 푸른 물결이 끊임없이 출렁였다. 도착하니 이름 그대로 젖병 모양을 한 등대가 우리를 맞이했다. 동글고 부드러운 곡선, 하얀색 몸체에 그려진 단란한 가족 모습이 유난히 밝고 맑게 빛났다.

이 젖병등대는 저출산 문제의 극복과 다산, 풍요를 기원하는 의미를 담고 있다. 2013년 IUSSP '세계인구총회'의 부산 유치를 기념하며 건립된 디자인 등대라고 한다. 물론, 이렇게 상징적인 건축물이 저출산 문제를 곧바로 해결해 줄 수는 없겠지만, 그 의도와 바람만큼은 애틋하게 다가왔다. 인구 감소는 이미 심각한 사회 문제로 자리 잡았기에, 정책 입안자들의 고민도 날로 깊어지고 있다. 등대 불빛처럼 선명하고 현실적인 묘책이 절실한 시점이다. 서암항 젖병등대는 2009년 9월 3일 첫 불을 밝혔으며, 높이는 3.9m. 부산광역시 기장군 연화리의 작은 포구에서 오늘도 잔잔한 파도와 함께 시간을 보내고 있다.

그날 우리는 등대 두 곳과 국립수산과학관까지 둘러보았다. 세 곳 모두 기장군 안에 있었기에 하루 안에 충분히 다녀올 수 있었다. 어떤 때는 등대 한 곳을 가기 위해 하루를 온전히 쓰거나, 심지어 1박 2일의 여정을 계획해야 할 때도 있다. 그런 점에서 이번 일정은 '인접 지역 찬스'라 부를 만한, 드문 행운이었다. 가까운 거리에 있어도 등대가 주는 설렘과 감흥은 결코 작지 않았다. 바닷바람에 머리칼이 흩날리고, 발끝에 부딪히는 파도 소리가 마음을 맑게 씻어주었다. 짧지만 깊었던 이 여정은, 그 어떤 먼 길 못지않게 오래 기억에 남을 하루였다. 같은 장소라도 어떤 의미를 부여하는가에 따라 그곳이 품고 있는 이야기의 무게가 달라지기 때문이다.

구조라항남방파제등대, 도남항동방파제등대
몽돌이등대와 연필등대

거제 구조라항에 도착했을 때는 이미 해가 완전히 넘어가, 어둠이 항구를 감싸고 있었다. 초행길이라 방향을 잡는 데 잠시 우왕좌왕했지만, 방파제 끝에서 은은히 빛을 내는 구조라항 몽돌이등대를 찾는 일은 오래 걸리지 않았다. 어둠 속에서도 그 존재감은 뚜렷했다. 다만 이번에는 등대의 뒷모습만 바라볼 수 있었던 것이 못내 아쉬웠다. 바다를 향해 서 있는 몽돌이의 얼굴을 마주하지 못했으니, 언젠가 거제 바다를 여행할 때는 꼭 정면에서 눈을 맞추고 싶다는 작은 기대를 품었다.

몽돌이등대는 거제를 대표하는 상징 캐릭터 '몽돌이(남)'와 '몽순이(복)' 가운데 하나로, 구조라항의 남·북 방파제 끝에 마주 보며 서 있다. 두 캐릭터는 단순히 항구를 밝히는 역할을 넘어, 거제의 문화 사절이자 홍보도우미로서 이곳을 찾는 이들의 발길을 붙잡는다. 남쪽의 몽돌이와 북쪽의 몽순이는 서로 마주 보며, 바다를 오가는 배들을 반기고 환송한다. 이들의 존재는 구조라항을 부각시키는 상징물로 자리 잡았고, 이제는 여행 명소이자 주민과 관광객 모두가 즐기는 친수 공간으로 사랑받고 있다.

몽돌이등대

구조라항 몽돌이등대는 2014년 1월 24일 첫 불을 밝혔다. 높이는 8.85m 경남 거제시 일운면 구조라항 남방파제 끝단에서 오늘도 파도와 바람 속에 묵묵히 서 있다. 등대 불빛이 바다 위로 길게 흘러내릴 때면, 어둠 속에서도 이곳이 누군가의 고향이자 안전한 귀항지임을 알려준다.

늦은 시간이었지만, 발걸음은 통영 도남항을 향했다. 목적지는 연필등대. 몇 해 전, 일부러 시간을 내 찾아온 적이 있는 곳이다. 그리고 '역사가 있는 등대'로 지정된 한산항등표를 향해 가는 배 위에서도 멀리 연필등대를 바라본 기억이 있다. 다시 마주한 연필등대는, 오랜만에 만난 옛 친구처럼 반가웠다.

연필등대는 통영의 문학적 자취를 반영해 만든 디자인 등대이다. 깃발의 시인 유치환, 대하소설 『토지』의 박경리, 꽃의 시인 김춘수 등 통영이 낳은 걸출한 문인들의 업적을 기리고, 그 창작 정신을 바다 위에 새기듯, 등대는 길게 뻗은 연필 모양을 하고 있다. 등대 몸체는 마치 한 줄의 시를 적기 위해 준비된 원고지 위의 연필처럼 단정하고 곧다. 이곳을 드나드는 어선들의 안전한 항해를 돕는 것은 물론, 기존 등대의 전형적인 형태를 과감히 벗어나 혁신적인 디자인을 구현한 기념비적 조형물로도 손꼽힌다.

연필등대

    1986년 12월 30일, 연필등대는 첫 불을 밝혔다. 높이 17m. 통영시 도남항 동방파제에 서서, 수십 년 동안 수많은 이들의 귀항을 비추어 왔다. 햇살이 비치는 낮에는 푸른 하늘과 바다를 배경 삼아 당당하게 서 있고, 어둠이 내리면 푸른 불빛이 파도 위로 길게 흘러, 마치 한 줄의 문장이 바다 위에 쓰이는 듯한 착각을 준다.

    그날 밤, 우리는 몽돌이와 연필이라는 두 개의 독특한 등대를 만났다. 하나는 거제 바다의 귀여운 얼굴로, 하나는 통영 문학의 상징으로. 서로 다른 모습이지만, 바다를 향해 서서 빛을 내는 일에는 다름이 없었다. 파도 소리와 등대 불빛이 뒤섞인 그 풍경은, 여행이 끝난 후에도 오래도록 마음속에 남아 잔잔한 울림을 주었다.

감포항남방파제등대, 정자항북방파제등대
감은사지삼층석탑등대와 귀신고래등대

울산에서 경주 감포항까지는 멀지 않은 거리다. 그날도 봄밤의 부드러운 바람을 따라, 마치 밤마실 나서듯 가벼운 마음으로 길을 잡았다. 경주는 아시다시피, 신라 천년의 숨결이 곳곳에 스며있는 도시다.

감포항남방파제등대는 경주에서 가장 큰 어항인 감포항의 방파제 끝단에 서 있다. 이 등대는 신라시대 호국 사찰 감은사지의 삼층석탑을 형상화한 조형물로, 밤이면 경관조명이 탑을 비추어 고즈넉하면서도 장엄한 풍경을 만든다. 덕분에 이곳은 많은 이의 발길을 멈추는 명소가 되었다.

등대의 모델이 된 감은사는 경상북도 경주시 양북면에 자리 잡고 있다. 682년(신문왕 2), 제31대 신문왕이 부왕 문무왕의 유지를 이어 창건한 사찰로, 남북국시대 통일신라의 성전사원 역할을 했다. 지금은 동·서 삼층석탑이 남아 당시의 영화를 전한다.

봄밤의 감포항남방파제등대는 환한 조명 속에서 음각, 양각을 이루며 빛나고 있었다. 옛 탑이 등대가 되고, 그 빛이 과거와 현재를 잇는다는 것을. 나는 지나간 역사를 더듬으며 다가올 미래를 그려보았다.

이 등대는 1935년 2월 1일에 처음 불을 밝혔으며, 높이는 16m, 주소는 경북 경주시 감포읍 감포리 504-50이다.

정자항의 귀신고래등대는 울산의 상징인 귀신고래가 수면 위로 힘차게 솟구치는 모습을 형상화한 등대다. 2021년, 울산 북구 12경에 이름을 올린 이후 더 많은 이들의 발길을 받고 있다.

부슬비가 고요히 내리는 초여름날, 북구에 볼일이 있어 가는 길에 귀신고래등대에 들렀다. 자주 찾는 곳이지만, 등대 앞에 서면 여전히 설레고, 또 문득 궁금해진다. '귀신고래는 지금 어느 바다에서 평화롭게 헤엄치고 있을까.'

귀신고래는 몸길이 11~15m, 무게 최대 41t에 이르는 대형 고래다. 평균 수명은 50~60년이며, 얼룩진 회색빛 몸에 등지느러미 대신 작은 혹이 여러 개 나 있다. 현재 전 세계에 약 3만 마리가 남아 있으며, 북동·북서 태평양 해역에서 무리지어 산다.

우리나라에서는 1962년 울산 앞바다에서 귀신고래가 출현하자, 정부가 그 해역을 천연기념물 제126호 '울산 귀신고래 회유해면'으로 지정했다. 이후 1977년 1월 3일 방어진 앞바다에서 두 마리가 목격된 것을 끝으로 공식적인 발견은 없었다. 그러나 포경 금지와

감은사지삼층석탑등대

귀신고래등대

보호 정책 덕분에 개체 수가 늘어나 멸종 위기종에서 해제되었다.

힘차게 바다로 솟구칠 듯한 귀신고래등대를 바라보며, 언젠가 울산 앞바다에서 다시 살아 있는 귀신고래를 마주할 날을 손꼽아 기다린다. 정자항북방파제등대는 1991년 8월 7일 첫 불을 밝혔으며, 높이는 10m, 주소는 울산광역시 북구 정자동 638이다.

창포말등대, 물치항방파제등대
대게등대와 송이등대

동해안의 영덕 창포말 대게등대와 강원 양양 물치항 송이등대는 대중교통으로 가기가 쉽지 않았다. 영덕을 간다고, 양양을 간다고 해서 등대가 곧 눈앞에 서 있는 것은 아니다. 일부 예외가 있기는 하지만, 대부분의 등대는 육지의 끝단에 있어 시내버스가 드물게 다닌다. 일반인들이 등대를 찾아갈 일이 많지 않으니 당연한 일일 터다.

접근성이 좋은 '재미있는 등대'만큼은 혼자 다녀 보기로 했지만, 이번 두 곳은 혼자서는 방법이 떠오르지 않았다. 결국, 나의 가장 든든한 조력자이자 삶의 동반자인 옆지기의 도움을 받기로 했다. 그는 늘 함께할 수 있는 상황은 아니었지만, 이번만큼은 나의 곁을 지켜주었다.

자동차로 여행하면 이동이 편하고 시간이 절약되는 장점이 있다. 그러나 그만큼 스쳐 지나치는 것들도 많다. 효율적인 시간은 단선적이고 목표지향적이다. 반면 대중교통을 이용한 여행은 길 위에서 허비하는 시간이 많아 비효율적으로 보일 수 있지만, 그 시간 속에서만 만날 수 있는 풍경과 이야기가 있다. 약간의 불편을 감수하고 시간이 허락한다면, 그 '비효율'이야말로 입체적이고 과정 지향적인 여행의 맛을 준다. 이번 여정 '재미있는 등대'를 다니면서 나는 그것을 다시 확인했다.

　출발한 지 두 시간이 지나 창포말에 도착했다. 동해안을 오르내리다 몇 번 스친 적 있는 곳이라 낯설지 않았다. 유월 초순의 하늘과 바다는 유리처럼 맑고 푸르렀고, 그 속에서 등대는 한층 찬란하게 빛났다. 창포말 대게등대는 영덕의 상징인 대게를 형상화해, 거대한 집게발이 24.4m 높이의 등탑을 감싸 오르는 모습이다. 꼭대기의 붉은 등롱은 태양을 상징하며, 이를 움켜쥐려는 듯 역동적으로 뻗어 있다. 동해의 수평선을 향해 서 있는 이 등대는 독보적인 자태로 바다를 지나는 배들의 안전을 지키고 있었다. 1984년 6월 24일 첫 불을 밝혔으며, 높이는 24.4m. 경북 영덕군 영덕읍 창포리에 자리하고 있다.

　창포말에서 양양 물치항까지는 꼬박 세 시간이 걸렸다. 먼 길이었다. 송이등대와의 만남은 두 번째였는데 마치 처음인 듯 왠지 낯설었다. 전에도 방파제가 이렇게 넓고 길었나 싶었다. 처음의 기억이 왜곡된 것은 아닌지 스스로에게 물었다. 처음에 간 곳은 백색 송이등대였던 것을 알게 되었다. 오후의 햇살이 온몸을 감싼 송이

대게등대

송이등대

등대는 붉게 빛났다. 방파제등대는 대개 흰색과 빨간색 두 기가 마주 서 있다. 물치항도 마찬가지지만, 이번 인증의 주인공은 빨간색 방파제등대다.

일출 명소로 유명한 물치항 송이등대는 지역 특산물인 송이버섯을 형상화했다. 매일 밤 5초에 한 번씩 불빛을 반짝이며, 만선의 꿈을 안고 드나드는 어선들의 길을 비춘다. 두 등대 사이로 해가 떠오르는 풍경은 이곳만의 장관이다.

물치항은 싱싱한 수산물이 풍성한 항구로, 오징어, 대게, 개불, 숭어, 가자미를 사시사철 맛볼 수 있다. 특히 10월 제철을 맞는 도루묵은 담백하면서도 매력적인 맛으로 전국의 미식가들을 불러 모은다.

송이등대는 2001년 12월 7일 첫 불을 밝혔으며, 높이는 10.8m. 강원도 양양군 강현면 물치리에 서 있다.

물치항에서 늦은 점심을 먹고 귀여운 송이등대와 작별했다. 쉬지 않고 달려도 다섯 시간은 족히 걸릴 길이었지만, 우리는 서두르지 않기로 했다. 미션을 마친 길 위에서 여유를 만끽하고 싶었기 때문이다. 중요한 순간마다 믿음직한 조력자가 되어 준 옆지기에게 고마운 마음이 저절로 차올랐다. 이제 '재미있는 등대' 여정은 제주도의 이호랜드방사제등대 하나만을 남겨두었다.

완도항방파제등대, 톱머리항방파제등대
노래하는 꽈배기등대와 비행기조형등대

    전라권에 있는 등대를 찾아가기로 한 날, 나는 서울로 향했다. 서울에서 활동하는 등대 친구와 용산역에서 만나 목포행 기차에 오를 예정이었다. 목포에 도착하면 광주에 사는 또 다른 친구가 합류해, 이틀 동안 네 곳의 등대를 함께 둘러볼 계획이었다. 울산에서 목포로 곧장 가는 길이 만만치 않았기에, 차라리 KTX를 타고 서울로 올라와 함께 이동하는 편이 더 나았다. 무엇보다 동행이 있으니 마음이 한결 든든했다. 이번 여정은 혼자가 아닌, 등대라는 같은 목표를 향해 나아가는 사람들과 함께하는 길이었다. 실은 나보다 열 살 이상 어린, 한참 동생뻘인 친구들이었지만 같은 곳을 바라본다는 이유만으로도 설렘이 배가되었다.

    첫 번째 목적지는 완도항방파제등대, 일명 '노래하는 꽈배기등대'였다. 목포역에서 세 사람이 만나 완도항으로 향했고, 차로 약 두 시간이 걸렸다. 5월의 바다는 잔잔했지만, 바람은 매섭게 불어댔다. 모자가 날아가고 머리카락은 사방으로 흩날렸다. 그러나 이곳 바닷가에서 부는 바람은 낯선 존재가 아니다. 누군가 말했듯, 바람은 지나가기 위해 부는 것일 뿐, 그저 잠잠해지기를 기다렸다. 삶에서 부는 바람도 마찬가지다. 맞서기보다 지나가길 기다리면서 견디는 것이 현명한 일일지도 모른다.

긴 방파제 끝에는 비비 꼬아 올린 듯 독특한 형태의 등대가 서 있었다. 노래까지 한다니, 우리를 위해 어떤 멜로디를 들려줄까 기대를 품고 가까이 다가갔다. 완도항방파제등대는 국내 최초로 노래하는 등대로, 단순한 조형물의 개념을 넘어 터치 패드를 통해 사람과 상호작용할 수 있도록 설계되었다고 한다. 패드에 손을 대자 추억의 노래 <짚시여인>이 흘러나왔다. 우리는 어느새 '짚시여인'이 아닌 '등대여인'이 되어 음악에 맞춰 살짝살짝 몸을 흔들었다. 여인들을 춤추게 한 이 등대는 1989년 12월 13일 첫 불을 밝혔다. 높이는 15m, 전남 완도군 완도읍 가용리에 자리하고 있다.

완도항 인근 식당에서 전복백반으로 점심을 해결했다. 음식 하면 으레 전라도를 떠올리듯, 맛과 인심 모두 기대가 컸다. 그러나 지나친 기대가 문제였을까, 맛은 그저 평범했다. 전라도 식당이라고 해서 모두 훌륭한 건 아니라는 사실을 새삼 깨달았다.

서둘러 식사를 마치고 다음 목적지인 무안으로 향했다. 이곳 역시 두 시간이 걸렸다. 무안 톱머리항에 닿았을 때, 바람은 여전했지만 해가 기울며 그 기세가 한결 부드러워졌다.

꽈배기등대

톱머리항방파제등대는 인근 무안국제공항을 상징하듯, 비행기가 이륙하는 모습을 형상화했다. 조업 선박들의 안전 항해를 지원하는 역할도 맡고 있다. 아쉽게도 방파제 안으로 들어갈 수 없어 가까이 다가가지는 못했다. 각도가 나오지 않는 곳에서 어렵사리 사진 몇 장을 남겼다. 그리고는 짧은 만남 뒤 긴 이별처럼, 이곳을 떠났다. 다시 오기 쉽지 않은 곳이기에 가벼운 발걸음으로 돌아서기에는 아쉬움이 남았다. 톱머리항방파제등대는 2017년 10월 26일 불을 밝혔다. 높이 15m, 전남 무안군 망운면 피서리에 자리하고 있다.

하루의 일정을 마치고 예약해 둔 펜션에 도착했다. '노을 맛집'이라는 이름에 걸맞게 창밖으로 드넓은 갯벌이 펼쳐져 있었다. 물이 빠져나간 바다 위에 저녁 빛이 내려앉기를 기다렸으나, 흐린 하늘은 그 순간을 허락하지 않았다. 그래도 좋았다. 서해의 노을 대신, 함께한 '등대여인'들의 이야기로 웃음꽃을 피웠다. 그리고 오늘의 바람과 파도가 잊지 못할 하루를 만들어 주었으니 이 또한 잊지 못할 추억의 한 페이지가 되었다.

비행기등대

구시포항남방파제등대, 목포북항동방파제등대
와인글라스등대와 풍차등대

지난밤을 함께 보낸 '등대여인'들과 나는 무안에서 구시포항을 향해 길을 나섰다. 목적지인 전북 고창까지는 1시간 30분이 걸렸다. 전날부터 이어진 흐린 하늘은 오늘, 계절의 여왕 오월답게 눈부신 푸름으로 변해 있었다. 멀리 방파제 끝에 와인글라스를 닮은 붉은 등대가 모습을 드러냈다.

구시포항 방파제에는 같은 모양의 흰색 등대와 빨간색 등대가 나란히 서 있다. 오늘 인증할 등대는 붉은 와인글라스등대. 맑게 갠 하늘과 선명한 바다가 배경이 되어, 그 자태가 한층 매혹적으로 빛났다. 사진 찍기 딱 좋은 날, 우리는 등대를 배경으로 "나이야 가라!"를 외치며 웃음과 활기를 가득 담아 추억을 남겼다.

고창 남쪽 끝에 위치한 구시포항은 특이하게도 가막도라는 섬에 자리한 항구다. 다른 항구와 달리, 조수간만의 차에 크게 영향을 받지 않아 어선들이 자유롭게 드나들 수 있는 조건을 갖췄다. 항만을 와인글라스 형태로 넓히며, 방파제 끝에 선 등대 역시 와인글라스 모양으로 세웠다.

'구시포'라는 이름은 1800년 무렵, 이곳에서 소금을 생산하기 위해 만든 수문 모양이 소의 '구시통'(구유의 방언)처럼 보였던 데서 유래했다. 지금의 구시포는 해양수산부가 선정한 '아름다운 어촌 100선'에 뽑힌 곳으로, 울창한 송림과 단단한 모래사장을 품은 해수욕장, 그리고 해수 찜으로도 유명하다.

아쉽게도 다음 목적지로 향할 시간이 되어, 노을 질 무렵 와인글라스에 꽃잎이 핀 듯한 장면은 마음속 그림으로만 그리며 목포로 향했다. 구시포항 와인글라스등대는 2015년 6월 24일 첫 불을 밝혔으며, 높이 18.9m로 전북 고창군 상하면 자룡리 984에 자리한다.

구시포항에서 목포 북항까지는 다시 1시간 30분. 이틀간의 여정 마지막 코스였다. 점심 무렵 도착한 항구 주변은 횟집이 즐비했다. 한 곳에 들러 매운탕으로 허기를 달랬지만, 뜨내기손님이 많은 탓인지 맛은 기대에 미치지 못했다.

목포북항 풍차등대는 이름 그대로 네덜란드 식 풍차를 닮았다. 방파제 안쪽까지 차량 진입이 가능해 접근성이 좋았고, 독특한 외관 덕에 관광객들의 발길이 끊이지 않았다. 파란 바다와 어우러진 풍차등대는 마치 동화 속 한 장면처럼 목포 앞바다를 지키고 있었다.

이곳은 호남선의 끝자락, 목포와 신안을 오가는 선박들의 안전한 항로를 안내한다. 목포 북항은 현재 수산물 전용 항으로 개발

와인글라스등대

중이며, 인근 선착장에서 비금도와 도초도로 향하는 여객선을 탈 수 있다. 또한, 목포 해상케이블카의 승강장 중 하나가 이곳에 있으며, 해 질 녘이면 '노을 맛집'으로 불리는 노을공원에 사람들이 모여든다.

풍차등대는 2009년 11월 27일 첫 불을 밝혔으며, 높이 12m로 전남 목포시 죽교동 672에 위치한다.

전라권의 등대 여행은 결코 만만치 않은 여정이었다. 그러나 광주에서 함께한 '천사' 덕분에, 완도와 무안, 구시포, 그리고 목포 북항까지, 이틀 동안 재미와 즐거움이 끊이지 않는 시간이었다. 그 고마움과 따뜻함을 오래 기억하고 싶다.

선유도항방파제등대, 삼길포항방파제등대
기도등대와 우럭등대

    두 손을 모아 합장한 형상의 기도등대 앞에 섰다. 이상하게도 나도 모르게 손이 모아졌다. 여기까지 무사히 올 수 있었음에 감사하고, 이렇게 다닐 수 있음에 또 한 번 감사했다.

    군산 고군산도는 이제 더 이상 '섬'이 아니다. 다리가 놓이며 선유도, 무녀도, 장자도까지 차로 오갈 수 있게 되었기 때문이다. 3년 전, 나는 이곳을 찾은 적이 있다. 그때도 등대 여행을 이어가고 있었기에 바닷가의 등대가 눈에 띄면 유심히 보곤 했다. 멀리 보였던 기도등대를 그때는 가까이 가지 못했다. 함께한 일행들이 있어 개인행동을 하기 어려웠고, 그저 멀리서 사진만 남겼다.

    이번에는 오직 기도등대를 만나기 위해 이곳에 왔다. 마침 대전에 사는 친구들과 만나기로 되어 있었기에, 군산 선유도와 서산 삼길포를 함께 가자고 부탁했다. 고맙게도 친구들은 흔쾌히 수락했다.

    군산은 새만금 방조제 공사로 드넓은 땅을 얻은 곳이다. 새만금은 부안과 군산을 잇는 국내 최장 33.9km의 방조제이며, 이를 통해 28,300ha의 간척지가 조성되었다. 처음엔 식량 증산을 위한 농토

기도등대

확장이 목적이었지만, 농업국을 벗어난 우리나라는 그 자리의 갯벌이 사라지고 산업단지가 들어섰다.

바다가 육지가 되었지만, 서해안 최대의 갯벌과 철새들의 보금자리는 사라졌다. 무언가를 얻기 위해서는 다른 것을 잃어야 하고, 때로는 그 대가가 더 클 수도 있다는 단순하지만 확실한 진리를 새삼 느꼈다.

선유도항방파제등대는 기도등대라는 별칭 덕분에 꿈과 소원을 비는 명소로 자리 잡았고, 석양이 질 때면 바다와 하늘이 붉게 물드는 장관이 펼쳐진다. 2019년 12월에는 해양수산부의 '이달의 등대'로 선정되기도 했다.

신선이 놀던 곳이라 하여 이름 지어진 선유도. 그곳에서 친구들과 함께, 신선처럼 노닐던 하루였다. 기도등대 앞에서 우리의 우정과 건강을 빌었던 시간, 그 마음은 오래도록 기억에 남을 것이다.

선유도항방파제등대는 2008년 12월 31일, 선유도항을 오가는 선박의 안전 항해를 기원하며 두 손을 합장한 모양으로 세워졌다. 붉은 외관에 높이 10.8m, 전북 군산시 옥도면 선유도리 474-1에 위치한다.

삼길포항 우럭등대를 향한 길은 아슬아슬함의 연속이었다. 대

전에서 세 명이 함께 출발했으나, 한 친구는 저녁 일정이 있어 군산 시외버스터미널에 두 사람을 내려 주고 먼저 떠났다. 남은 우리는 대중교통으로 서산까지 가야 했다. 초행길이기에 긴장이 조금 더해졌다.

전북 군산에서 충남 서산까지 시외버스로 2시간 20분, 그리고 서산에서 시내버스로 삼길포항까지 1시간이 걸렸다. 버스 배차 간격이 1시간이라, 등대에서 머물 수 있는 시간은 고작 한 시간 남짓. 오후에 출발했기에 발걸음이 바빴다. 종점에 가까워질수록 버스 안은 한산해지고, 종점에는 우리 둘만 남았다. 돌아갈 차 시간을 확인하니 저녁 7시가 막차였다. 그 버스를 놓치면 오늘 밤 집으로 돌아갈 수 없을지도 모른다.

항구는 서서히 하루를 마감하고 있었다. 방파제 끝 우럭등대에 붉은 햇살이 기울었다. 등대 자체가 우럭 모양인 것은 아니었지만, 앞에 놓인 우럭 조형물이 살아 펄떡이는 듯 역동적이었다. 바다는 점점 붉게 물들고 있었다. 해 질 녘, 항구에서 등대와 함께 서 있는 이 시간이 그저 행복했다. 설령 오늘 밤 돌아가지 못한다 해도, 후회는 없을 것 같았다. 바다 위로 은은하게 내리는 노을을 보며 내 삶도 은은하게 저물어가기를 바랐다.

삼길포항 우럭등대는 2009년 1월 21일에 첫 불을 밝혔으며 등

우럭등대

대 높이는 15.1m, 충남 서산시 대산읍 화곡리 1-35에 자리하고 있다.

　　마지막 시내버스를 타고 서산으로 돌아와, 서산시외버스터미널에서 대전행 막차에 몸을 실었다. 밤 10시가 넘어 대전역에 도착해, 예매 없이 현장에서 표를 끊고 플랫폼을 찾아 헤맸다. 자주 오지 않는 역이라 낯설었고, 저시력 시야 장애가 있어 더 어려웠다. 그때 마침 계단을 내려오던 한 여대생에게 도움을 청했더니, 기차 출발까지 함께 있어 주며 친절히 안내해 주었다. 등대 여행 중이라는 내 말에 멋지다며 엄지를 치켜세웠다. 상냥하고 배려심 깊은 젊은 친구의 마음이 참 고마웠다. 길 위에서 만난 그 '천사' 덕분에, 그날 밤 나는 무사히 집으로 돌아올 수 있었다.

포교항방파제등대, 이호랜드방사제등대
포교항등대와 조랑말등대

　마산에서 고성 포교항으로 향하는 길에 문제가 생겼다. 합성동 시외터미널에서 고성행 버스를 타려 했으나, 그곳에서는 운행하지 않는다고 했다. 한때 이곳 마산에서 직장 생활을 했기에 나름 잘 아는 도시라 생각하고 나선 길이었다. 그런데 터미널이 다르다는 사실을 몰랐던 것이다. 갑작스러운 계획 변경에 마음이 조급해졌다. 혼자라서 더욱 그랬다. 여기까지 와서 발걸음을 돌릴 수는 없었다. 결국 길을 건너 택시에 올랐다. 목적지를 말하자 기사님이 고성까지 택시로 가는 게 어떠냐고 제안했다.

　머릿속이 빠르게 회전했다. 남부터미널에서 고성에 도착해도 포교항까지는 또 다른 교통수단이 필요하고, 돌아올 때도 같은 과정을 반복해야 한다. 그렇다면 이번만큼은 비용을 조금 들이더라도 '시간과 편리'를 사기로 했다.

　고성까지는 택시로 약 한 시간이 걸린다고 했다. 동년배의 기사님은 은퇴 후 소일 삼아 운전을 하고 있다며 웃었다. 이런저런 세상 이야기를 나누다 보니 멀리 바다가 보이기 시작했고, 방파제 끝에 포교항방파제등대가 모습을 드러냈다.

포교항등대

낯선 길에는 늘 예기치 못한 변수가 숨어 있다. 그런 때면 당황해 우왕좌왕하기 마련이지만, 등대 여행을 다니며 하나 배운 것이 있다. 안 되는 일은 빨리 포기하고, 곧바로 플랜B를 가동하는 것이다. 이번처럼 장거리 택시를 타고 이동한 건 처음이었지만, 빠른 결정을 내린 스스로가 대견스러웠다. '참 잘했어!' 하고 속으로 칭찬하며 포교마을에 들어섰다.

포교마을의 이름에는 사연이 있다. 마을의 지형이 마치 베틀처럼 두 동강 난 형상이라 하여, '베 포布'와 '다리 교橋'를 따서 '포교'라 부르게 되었다. 동남쪽 해상 팥섬은 베 짜는 '북'을 닮았고, 남서쪽 '도투마리' 여는 베를 감는 '도투마리'와 같다. 그 옆의 여는 '철기신'을 닮았다 하여 '밭줄여'라 부르고, 북서쪽의 '물래도'는 실을 감는 '물래'와 같아 '물래섬'이라 불린다. 여름이면 이 마을은 미식가들이 '갯장어'를 맛보러 찾는 전형적인 어촌이다.

노을이 아름답기로 유명한 포교마을. 안내문에 적힌 지명을 읽으며 방파제로 향했다. 포교항방파제등대는 참 독특했다. 마치 작은 건물이 방파제 위에 홀로 서 있는 듯한 모양새였다. 포교마을과 어울리는 듯, 또 어울리지 않는 듯, 그 이질감이 묘하게 매력적이었다. 기사님도 이런 등대는 처음 본다며 연신 신기해했다.

한적한 평일 오후의 어촌. 바람은 잔잔했고, 바다는 빛을 머금은 채 숨 쉬고 있었다. 언젠가 다시 이곳을 찾아 하루를 묵으며, 노을빛으로 붉게 물든 바다와 불을 밝힌 등대를 함께 바라보고 싶었다. 마을 골목골목을 걸으며 그 숨은 이야기도 더 읽어보고 싶었다. 기사님의 시간을 더 뺏을 수 없어, 우리는 왔던 길을 되짚어 택시를 세운 자리로 돌아왔다. 낯선 길에서 좋은 인연을 만난 것에 감사하며 발걸음을 옮겼다.

포교항방파제등대는 2006년 12월 5일 첫 불을 밝혔으며, 높이 8m로 경남 고성군 삼산면 두포리 1086-3에 자리하고 있다.

드디어 '재미있는 등대' 17곳의 여정을 완주했다. 그 마지막 발걸음이 제주 이호랜드방사제˙등대에서 멈췄다. 4월 22일 구조라항방파제˙등대를 시작으로 6월 2일 양양 물치항방파제등대까지, 전국의 바닷가를 따라 16곳을 돌아보았다. 그리고 3개월 만에, 남은 단 한 곳, 제주 이호랜드방사제등대에 다다른 것이다.

'재미있는 등대' 중 유일하게 바다를 건너야 했던 이호랜드방사제등대. 기회가 쉽게 오지 않았다. 그러던 중 8월 18일, 마침내 제

● 방사제 모래가 항만 안으로 밀려드는 것을 막기 위해 바다에 쌓은 둑
● 방파제 파도나 해일로부터 항만을 보호하기 위해 쌓은 둑

조랑말등대

주로 향하는 비행기에 올랐다. 비싼 항공권으로 당일치기를 해야 해서 아쉬움이 있었지만, 여러 사정이 겹친 결과였다. 하지만 바다 건너 이 마지막 등대를 만나러 간다는 설렘이 그 모든 아쉬움을 덮었다.

이호테우 해수욕장은 제주공항에서 가장 가까운 바닷가 중 하나다. 그 해변과 멀지 않은 방파제 위에, 두 마리의 거대한 조랑말이 서 있다. 전통적인 원통형 등대의 모습을 벗고, 제주를 상징하는 조랑말을 형상화한 이 등대는 멀리서도 단번에 시선을 사로잡는다. 빨간색과 하얀색으로 단장한 두 등대는 2008년 11월, '제주이호랜드'라는 유원지를 조성하며 세워졌다. 당시 제주분마이호랜드가 바다를 매립해 마리나항을 만드는 과정에서 설치한 것이다. 높이 12m, 그 모습과 위용은 마치 그리스 신화 속 '트로이의 목마'를 연상케 한다.

방파제 끝에 두 개의 등대를 마주하고 있으면, 왜 색이 다른지 궁금해진다. 항로표지 규칙에 따르면, 바다에서 항구로 들어올 때 오른쪽(우현)에 있는 등대는 빨간색, 왼쪽(좌현)에 있는 등대는 하얀색으로 칠한다. 이는 선박이 안전하게 항로를 찾도록 돕는 일종의 '바다 신호등' 역할이다. 낮에는 색으로, 밤에는 불빛으로 구분한다. 빨간 등대에는 빨간 조명이, 하얀 등대에는 초록 조명이 켜져 어둠 속에서도 방향을 알려준다. 이 빛은 날이 저물면 자동으로 켜진다.

그날의 이호테우 해수욕장은 유난히 선명했다. 전날 밤 비가 내려 여름 바다는 더 푸르고 짙어졌다. 흰 구름이 천천히 흐르는 맑은 하늘 아래, 빨간 조랑말등대와 하얀 조랑말등대가 나란히 서 있었다. 파도는 발목을 간질이며 잔잔히 부서졌고, 등대의 형상은 햇빛을 받아 반짝였다. 바닷바람에 머리칼이 흩날리고, 짭조름한 공기가 코끝을 스쳤다.

나는 그 풍경 속에 잠시 서 있었다. 비행기로 1시간 남짓, 버스와 걸음을 더해 닿은 그 자리에서, 모든 여정을 마무리하는 순간이었다. 열일곱 개의 등대가 차곡차곡 마음속에 쌓였고, 제주 바다 위의 두 마리 조랑말이 그 위에 마지막 장식을 올려주었다.

이호랜드방사제등대는 2009년 2월 4일 첫 불을 밝혔으며 높이는 12m, 제주시 이호1동 375-43에 자리한다.

용기포항서방파제등대

연평도등대

대난지도항방파제등대   제부도등대

궁평항북방파제등대

입파도등대

국회도등대

간월도항방파제등대

무창포항방파제등대

3부

풍요의 등대를 따라

대신등대

흑산도항방파제등대

─────── 2022년 12월, 등대 스탬프 투어 시리즈 4, '풍요의 등대'가 시작되었다. 갯벌과 일몰이 어우러진 서해안, 그리고 그곳에 서 있는 열여섯 개의 등대가 나를 불러냈다. 이미 '재미있는 등대'를 완주했던 나로서는, 이번에도 망설임 없이 떠날 채비를 했다.

이번 여정은 백령도에서 흑산도까지, 배를 타야만 갈 수 있는 여섯 곳과 육로로 접근할 수 있는 열 곳으로 나뉘어 있었다. 등대마다 제각기 다른 풍경과 이야기를 품고 있었지만, 무엇보다도 변수는 바다였다. 배가 떠야 갈 수 있는 섬들, 그리고 내가 사는 동쪽에서 서해안까지 가야 하는 거리의 부담. 그러나 나는 그 모든 것을 감수하고라도 떠나고 싶었다.

첫 출발은 12월 28일 밤 10시. 애초에는 하동에서부터 북상하는 일정이었지만, 계획을 바꾸어 화성에서부터 남하하는 방향으로 달렸다. 겨울밤의 찬 공기를 가르며 도착한 제부도는 다행히 바닷길이 열려 있었지만 칠흑 같은 어둠에 잠긴 바다는 신비로움 속에 잠들어 있었다. 그렇게 궁평항, 간월도, 남당항, 대천항, 무창포항, 홍원항, 마량진항을 차례로 돌며, 등대 하나하나에 도장을 찍고 마음의 불을 켜 나갔다.

격포항과 대신등대, 국립해양생물자원관을 거쳐 마침내 흑산도까지 닿았을 때, 몸은 지쳐 있었지만, 마음은 차오르고 있었다. 그렇게 3박 4일 동안 열두 곳을 완주했다. 남은 다섯 곳은 모두 배를 타야만 갈 수 있는 섬들이었다. 쉽지 않겠다는 생각이 들었지만, 포기란 단어는 이미 마음에서 지웠다.

해가 바뀐 1월, 강추위 속에서도 나는 인천항으로 향했다. 백령도와 연평도를 목표로 했다. 날씨가 좋지 않아 불안했지만, 연평도는 배가 떴고 나는 곧장 승선했다. 설국으로 변한 연평도에서의 하루는 찬란했지만 고통스럽기도 했다. 바다를 배경으로 한 등대와 눈 내린 풍경은 마치 동화 속 한 장면 같았다. 반면, 백령도는 결항이었다. 바다의 마음을 돌릴 수는 없기에 아쉬움을 삼키고 돌아와야 했다.

이제 남은 곳은 네 곳. 경기도 화성에서 배를 타야 하는 국화도와 입파도, 충남 당진에서 출항하는 대난지도, 그리고 다시 기약해야 할 백령도. 모두가 까다로운 위치에 있었지만, 나는 이 여정이 힘들다고 느끼지 않았다. 내가 스스로 택한 길이었고, 그 안에서 얻는 것들이 분명했기 때문이다.

등대를 찾아가는 길은 단순히 장소를 찍는 여행이 아니었다. 그것은 나를 향한 여행이자, 계절과 풍경을 온몸으로 느끼는 경험이었다. 바람에 흔들리는 파도, 일몰 뒤 어둠 속에 홀로 선 등대의 불빛, 얼어붙은 새벽 항구에서 마시는 따뜻한 국물 한 모금…. 모두가 나의 겨울을 따뜻하게 밝혀주었다.

'풍요의 등대'는 2023년 5월까지 이어졌고, 나는 마침내 모든 스탬프를 완성했다. 완주증을 손에 쥐는 순간의 기쁨보다, 그 여정에서 얻은 풍경과 감정들이 더 오래 남았다. 매서운 바람 속에서도 불을 밝히던 등대처럼, 나 또한 살아가는 길 위에서 누군가에게 작은 빛이 되고 싶었다.

다시 찾은 제부도에서의 하룻밤,
제부도등대

몇 달 만에 제부도에 다시 왔다. 초봄의 공기는 아직 차갑고 하늘은 살짝 흐려 있었지만, 여행길은 늘 그렇듯 설렘으로 가득했다. 무엇보다 오랜 시간 마음을 나누어 온 여행 친구, K와 함께라서 더욱 즐거웠다. 제부도는 하루에 두 번 물길이 열리는 섬이다. 모세의 기적처럼 갯벌 위로 길이 드러나는 시간, 우리는 그 물 빠진 길을 따라 천천히 제부도로 들어섰다.

지난번엔 한밤중에 도착해 어둠 속에서 제대로 보지 못했던 풍경들이 이번에는 또렷이 눈앞에 펼쳐졌다. 이번엔 이곳에서 하룻밤을 묵을 계획이었다. 외딴섬에서 보내는 밤은 언제나 조금은 특별했다. 마라도와 우도, 그리고 소청도에서처럼, 우리는 낯선 섬에서의 밤이 주는 그 오묘한 감정을 이미 여러 번 함께 나눈 적이 있다.

우리는 길을 걷다 마음에 드는 숙소를 발견하자, 예약도 없이 과감히 들어섰다. 가끔은 이런 즉흥적인 선택이 더 큰 만족을 안겨준다. 짐을 풀고 배낭을 내려놓은 뒤, 제부도를 천천히 둘러보기로 했다.

바다와 하늘은 이날따라 회색빛으로 어우러져 모호한 경계를

제부도등대

이루고 있었다. 모든 것이 흐릿해지는 시간 속에서, 유독 선명하게 눈에 들어오는 것은 제부도 빨간 등대였다. 마치 하늘과 바다를 구분해 주듯, 그 붉은 빛은 고요한 풍경 위에 단단한 존재감을 드러내고 있었다.

    지난겨울, 한밤중의 제부도를 경험했다. 물이 빠진 시각이 맞아 곧장 섬으로 들어갈 수 있었던 것은 행운이었지만, 등대에 도착했을 땐 사방이 칠흑 같은 어둠에 잠겨 있었다. 옆 사람이 보이지 않을 만큼의 어둠, 거기다 날씨까지 무척 추워서 몸을 잔뜩 움츠려야 했다. 무서워서 떨렸고, 강추위에 더 떨렸다. 그렇게 오감이 바짝 곤두서 있던 그 순간, 어둠을 가르며 붉은빛을 내던 등대 앞에 서 있는 나를 발견했다. 두려움도, 고생도 결국 스스로 선택한 길 위에서의 경험이라 생각하니, 그저 웃을 수밖에 없었다. 서둘러 섬을 빠져나왔지만, 그 밤은 지금도 잊을 수 없었다.

    이번엔 그때 놓쳤던 풍경을 눈에 담고자 다시 등대를 찾았다. 이번엔 맑은 눈으로, 천천히, 천천히…. 제부도등대는 하멜등대처럼, 가슴에 이름이 새겨져 있었다.

    "나, 제부도등대야."

    등대는 마치 그렇게 스스로의 존재를 선언하듯, 선명한 모습으로 그 자리에 서 있었다. 지난번 어둠 속에서 사진 한 장 제대로 찍지 못했던 것이 못내 아쉬웠는데, 이번에는 여러 각도에서 등대를 카메라에 담았다. 등대 위로는 갈매기가 날아오르고, 멀리서 조용히 오가는 배들이 함께 어우러져 하나의 바다 그림을 완성하고 있었다.

    산책로를 따라 걷다 보니 바다 향이 은근히 감돌았다. 평일의 제부도는 한적했고, 포장마차도 조용했다. 우리는 어묵과 튀김으로 소소한 군것질을 하며 파도 소리를 배경 삼아 걸었다. 저녁이 가까워지자 따뜻한 국물이 생각났다. K는 해물을 좋아하는 나를 위해 해물 가득한 칼국수 식당을 찾아주었고, 우리는 따뜻한 국물로 하루의 피로를 녹였다.

    숙소로 돌아오는 길, 소청도에서 그랬던 것처럼 편의점에 들러 맥주와 안줏거리를 샀다. 숙소는 아담한 앤틱풍 인테리어로 꾸며져 있었고, 젊은 주인장은 친절했다. 탁자 위에 맥주와 과일, 간단한 안주를 올려놓고 잔을 기울였다. 주량이랄 것도 없이 금세 얼굴이 달아오르지만, 이런 밤 술 한 잔은 더없이 잘 어울렸다.

    여행은 늘 사람 사이의 배려를 배우게 한다. K와 나는 그런 시간을 오래도록 함께해 왔다. 내게 K는 언제나 등대처럼 한결같은 사람이다. 언제나 그 자리에 있어 주고, 어둠 속에서도 방향을 잃지 않도록 빛을 비춰주는 사람. 늘 고맙고, 소중하고, 그래서 더 오래 함께하고 싶은 벗이다.

　이번 제부도 여행은 무모했던 몇 달 전의 기억을 달콤한 낭만으로 덮어주는 시간이었다. 같은 장소도 계절에 따라, 시간에 따라, 그리고 누구와 함께하느냐에 따라 전혀 다른 얼굴을 가진다는 것을 다시 한번 느꼈다.

　어느새 밤은 점점 깊어갔다. 커튼 틈으로 스며드는 바닷바람이 창가를 흔들고, 저 멀리 제부도등대의 붉은 불빛이 조용히 일렁였다. 낯선 곳에서 맞는 이 하룻밤, 오늘 우리의 안전을 지켜주는 것은 아마도 그 등대일 것이다.

불 밝힌 날　2007년 10월 25일
등대 위치　경기도 화성시 서신면 제부리 289-14
등대 높이　9.3m

붉은 바다 위 노란 등대,
궁평항북방파제등대

　제부도를 빠져나와 궁평항에 도착한 시간은 이른 새벽이었다. 한겨울 바닷바람은 날카롭게 살을 에었고, 찬 공기는 뺨을 스치자마자 얼어붙는 듯했다. 항구는 아직 깊은 잠에 빠진 듯 고요했다. 상인들의 발걸음도, 배의 모터 소리도 들리지 않았다. 모든 것이 정지된 듯한 고요한 시간, 숨을 쉴 때마다 입김이 허공에 피어올랐다.

　주머니 속 손을 꼭 쥐고, 모자 끝을 더 눌러쓰고 방파제 근처를 서성였다. 따끈한 국물 한 모금이 간절했지만, 아직 문을 연 식당은 없었다. 어둠이 조금씩 물러나고 있었지만, 항구는 여전히 차가운 정적에 잠겨 있었다. 잔잔한 물결 소리만이 겨울의 고요한 아침을 채워주고 있었다.

　그때였다. 등 뒤로 어렴풋이 따스한 기운이 느껴졌다. 무심코 뒤를 돌아보니, 바다 위로 붉은 해가 솟아오르고 있었다. 수면을 붉게 적시며 서서히 떠오르는 해는 숨이 멎을 만큼 아름다웠다. 어디서나 해는 뜨고 지지만, 이렇게 낯선 곳에서, 방향 감각조차 없는 곳에서 마주한 일출은 더 큰 감동으로 다가왔다. 차가운 바람 속에서 맞이한 그 붉은 햇살은, 얼어 있던 마음까지 따뜻하게 녹여주는 것 같았다.

　해가 뜨자 차가웠던 공기에도 온기가 돌기 시작했고, 항구 역시 서서히 잠에서 깨어나듯 기지개를 켰다. 희미하게만 보이던 배들과 시설물들이 하나둘 또렷이 모습을 드러냈고, 항구의 풍경도 점차 활기를 띠기 시작했다. 자판기에서 뽑은 뜨거운 커피 한 잔은 손끝과 가슴까지 데워주었다.

　방파제 길을 따라 천천히 걸으며 등대로 향했다. 궁평항북방파제등대는 일반적으로 자주 볼 수 있는 하얀색이나 붉은색 등대와는 다른 색이었다. 노란색으로 칠해진 등대는 눈에 확 띄었고, 새벽 햇살을 받아 마치 황금빛으로 빛나고 있었다. 알록달록한 방파제 위에서 유독 이 노란 등대는 특별한 존재감으로 서 있었다.

　노란 등대는 단순한 색상의 변화가 아니다. 주변에 암초나 군사 시설 등 항해에 주의가 필요한 요소들이 있다는 것을 알리는 경고의 의미가 담겨 있다. 특히 소형 선박이 다니는 좁은 통로가 확보된 구역임을 알려주는 역할도 한다. 즉, 이곳 바다는 그만큼 주의가 필요한 해역이라는 뜻이다. 바다를 이용하는 이들에게 안전을 알리는 등대의 색깔 하나에도 의미가 담겨 있는 것이다.

　안내문에 따르면, 2008년 국가 어항으로 지정된 궁평항은 낙조가 아름답기로 유명한 항구다. 수산시장에는 갓 잡아 올린 싱싱한 해산물이 가득하고, 피싱피어Fishing Pier라 불리는 낚시 전용 다리에서는 낚시꾼들이 붕어, 도미, 우럭 등을 낚는 모습이 종종 눈에 띈다고 한다. 바닷바람을 맞으며 여유롭게 낚시를 즐기기에 제격인 장소인 것이다.

궁평항 인근에는 또 다른 즐길 거리도 가득하다. 바닷가를 따라 조성된 화성 실크로드 산책로는 길게 이어진 나무 데크길로, 천천히 걷기만 해도 바다 풍경이 마음을 편안하게 해준다. 산책을 즐기는 사람들, 자전거를 타는 아이들, 바다를 배경으로 사진을 찍는 연인들까지, 누구나 이 길 위에서 잠시나마 일상을 내려놓는다. 항구 주차장 주변으로는 줄지어 선 푸드 트럭들이 여행객들의 발길을 끈다. 새우튀김, 오징어튀김, 어묵, 핫도그 등 먹음직스러운 냄새가 허기를 자극하고, 여름철이면 광장에 마련되는 물놀이터는 가족 단위 여행객들에게도 인기라고 한다.

궁평항에서 오래 머물지는 못했다. 수산시장에서 싱싱한 회 한 접시와 얼큰한 매운탕을 맛보고 싶었고, 푸드 트럭에서 새우튀김 하나쯤 집어 들고 싶었지만, 일정이 허락하지 않았다. 아쉬움은 컸지만, 그 대신 이른 새벽, 아무도 예상하지 못한 순간에 마주한 일출은 그 무엇과도 바꿀 수 없는 선물이 되었다. 낙조가 유명한 궁평항에서 일출을 보게 된 것, 그것만으로도 충분히 특별한 경험이었다.

궁평항북방파제등대

　언젠가 다시 궁평항을 찾게 된다면, 이번엔 해가 질 무렵, 낙조와 함께 수산시장의 활기를 만끽하며 이 노란 등대를 다시 바라보고 싶다. 차가운 아침의 등대도 좋았지만, 따스한 오후의 등대는 또 다른 얼굴로 나를 맞아줄 것 같아서다.

불 밝힌 날	2016년 9월 8일
등대 위치	경기도 화성시 서신면 궁평리 692
등대 높이	11m

무학대사가 달을 보고 도를 깨우쳤다는 곳, 간월도항방파제등대

 겨울바람이 제법 매서운 12월의 끝자락, 나는 충청남도 서산시 간월도로 향했다. 이번 여정의 목적지는 '간월도항방파제등대'였다. 이 등대는 바다 위로 붉게 물드는 낙조와 달빛 아래 고요히 빛나는 간월암을 한눈에 바라볼 수 있는 특별한 장소에 위치하고 있다. 낮에도 아름답지만, 밤이 되면 형형색색 조명에 의해 환하게 밝혀지며 서산의 또 하나의 관광명소로 자리 잡고 있다.

 등대로 향하는 길, 양옆으로는 얼마 전 내린 눈이 녹지 않고 그대로 남아 있어 겨울 풍경을 보여 주고 있었다. 바닷바람에 코끝이 시려오는 가운데, 붉은빛의 방파제등대가 눈앞에 나타났다. 등대 하단에는 푸른 바다 위에 떠 있는 달과 날아오르는 새의 모습이 정겹게 그려져 있었다. 마치 고요한 밤하늘 아래, 자연이 들려주는 시 한 편 같았다.

 이곳의 상징적인 의미는 단순히 자연경관에 그치지 않는다. 등대 아래 그려진 달과 새는 고려 말 고승 무학대사의 일화를 떠오르게 한다. 그는 이곳 간월암看月庵에서 수도하던 중, 달빛을 바라보며 문득 도를 깨우쳤다고 전해진다. '달을 보다'라는 뜻을 지닌 간월암은 이러한 전설을 품고 있는 암자다. 조선시대 억불 정책으로 인해 폐사되었으나, 1941년 만공선사에 의해 중창되어 오늘날까지 그 명맥을 이어오고 있다.

간월도는 원래 섬이었다. 충청남도 서산시 부석면 간월도리에 속한, 약 0.73km² 면적의 작은 섬으로 천수만淺水灣 한가운데 자리 잡고 있다. 하지만 대규모 간척사업으로 인해 이제는 육지와 연결된 반도 형태가 되었으며, 섬이라기보다는 해안마을에 가까운 느낌을 준다. 위치상 동경 126°26′, 북위 36°37′에 위치하며, 최고지점의 해발 고도는 70m에 불과한 낮은 지형이다. 이곳에는 '큰말', '새말'이라 불리는 자연마을이 있으며, 큰말은 가장 오래되어 큰 마을, 새말은 새로 생긴 마을이라는 뜻에서 붙여진 이름이다.

간척 사업 이후 간월도 일대에는 99km²가 넘는 농경지가 조성되었고, 그 넓은 들판은 대규모 기계화 영농 단지로 변모했다. 이 지역은 일반인의 출입이 제한되어 있고 인적이 드물어, 벼 수확 후 낙곡落穀(떨어진 곡식)이 많아진 농경지는 겨울 철새들에게 안성맞춤인 보금자리가 되었다. 그 결과 간월도는 조류 관찰지로도 명성을 얻게 되었으며, 서산 지역의 대표적인 생태 관광지로 부상했다.

2021~2022년도 겨울철 조류 동시 센서스에 따르면, 천수만 일대에서는 멸종위기 야생생물 I급인 흰꼬리수리를 비롯해, II급인

흑두루미, 검은머리물떼새, 알락꼬리마도요, 검은머리갈매기 등이 관찰되었다. 그만큼 이 지역은 생태적으로도 매우 소중한 가치를 지니고 있다.

    밤이 깊어지면 간월도항방파제등대는 더욱 빛을 발한다. 둥근 보름달이 천수만 위로 떠오르고, 등대에 불이 밝혀지는 순간, 주변을 비추는 조명들이 등대를 환하게 물들인다. 고요한 밤바다 위에서 붉은 등대가 조명 속에 한 폭의 그림처럼 떠오를 때, 문득 세상의 소란으로부터 멀리 떨어진 듯한 평온함이 마음 깊숙이 스며든다.

간월도항방파제등대

이곳은 한 번만 방문해서는 그 진가를 온전히 알기 어려운 곳이다. 다음에는 낙조가 절정일 때, 그리고 조류 탐조 시즌에 다시 한 번 찾고 싶다. 달빛과 등대, 철새가 어우러지는 풍경은 분명 또 다른 감동을 선사할 것이다.

서해의 달, 붉은 등대, 그리고 천수만의 철새들. 간월도에서 마주한 상상 속의 이 풍경은 단순한 여행의 한 장면을 넘어, 오래도록 기억될 하나의 장면이 되었다.

불 밝힌 날   2019년 6월 14일
등대 위치   충청남도 서산시 부석면 간월도리 26-28
등대 높이   9.5m

행운을 안겨 준
무창포항방파제등대

어떤 일이든 꾸준히 하다 보면 그와 관련해 부수적인 좋은 일이 반드시 생긴다는 사실을 여러 번의 경험을 통해 알게 되었다. 등대를 찾아다니며 얻은 소소한 즐거움부터 잊을 수 없는 큰 기쁨까지, 나는 삶의 다양한 보상을 맛보았다.

나는 성격상 한 번 마음을 주면 끝까지 파고드는 편이다. 여러 가지를 동시에 해내는 데에는 서툴지만, 한 가지에 꽂히면 최선을 다한다. 시작하기 전에는 고민이 길고 깊지만, 일단 결정을 내리고 나면 멈추지 않고 걸어가는 성향이다. 등대 기행도 예외는 아니었다. 처음 '등대 여권'을 받았을 때, 페이지를 한 장씩 넘기며 '과연 내가 이 모든 등대를 다 갈 수 있을까?'라는 의문이 마음을 채웠다. 그러나 막상 발걸음을 떼고 나니 오히려 가기 어려운 길일수록 더 걸어보고 싶었고, 그렇게 걷다 보니 마침내 끝이 보였다.

무창포항방파제등대와의 첫 만남은 어느 겨울날, 보령에 사는 친구 집에 고향 친구들과 모였을 때였다. 우리는 추운 겨울 바닷가를 걸었고, 멀리 방파제 끝에 서 있는 붉은 등대를 보았다. 나는 당연히 가까이 다가가고 싶었지만, 매서운 바람이 몰아치는 날씨에

무창포항방파제등대

등대에는 별 관심이 없는 친구들을 억지로 이끌 수는 없었다. 그저 멀리서 조용히 바라보다 발길을 돌릴 수밖에 없었다.

그 후 1년 뒤, 무창포항방파제등대가 '이달의 등대'로 선정되면서 다시 찾을 기회가 왔다. 2019년부터 국립등대박물관은 등대 여행을 장려하기 위해 'SNS 포스팅 이벤트'를 열고 있었다. 블로그나 인스타그램, 페이스북에 등대 기행 글을 올리고 이를 등대박물관 홈페이지에 공유하면 추첨을 통해 상품을 주는 행사였다. 그중 1등 상품은 세계에서 가장 오래된 등대를 찾아갈 수 있는 항공권 2매였다. 현존하는 등대 가운데 가장 오래된 것은 2세기경에 세워진 스페인의 라 쿠루냐에 있는 '헤라클레스의 탑'이다.

나는 늘 행운과는 거리가 멀다고 생각했기에, 1등은 그림의 떡이라 여겼다. 다만 혹시나 하는 마음으로 꾸준히 글을 올렸고, 은근히 2등 상품인 '독도 재방문 기회'라도 얻을 수 있기를 바랐다. 그러던 2020년 1월 말, 유튜브 생중계를 통해 추첨 현장이 공개되었다. 그리고 놀랍게도, 기적처럼 내가 1등에 당첨되었다. 살면서 이런 일이 내게도 생기다니! 온몸이 전율로 떨리고, 그 순간의 짜릿함은 지금도 생생하다. 여러 등대를 올렸지만, 그중에서도 무창포항방파제등대가 당첨의 주인공이 된 것이다. 진심을 다해 등대를 찾은 내 마음이 통했나 싶었다.

그로부터 3년이 지난 지금, 나는 다시 무창포항방파제등대를 찾았다. 서해안의 등대는 언제나 석양과 함께 기억되곤 하지만, 이상하게도 제부도에서부터 남하하며 단 한 번도 붉은 노을을 제대로 마주하지 못했다. 무창포도 마찬가지였지만, 이곳은 내게 행운을 안겨 준 등대이기에 감회가 더욱 특별했다.

　무창포 앞바다는 또 다른 명물이 있다. 매월 음력 보름과 그믐 무렵이면 앞섬인 석대도까지 이어지는 1.5km 바닷길이 드러난다. 그 길 위를 걸으며 게나 조개를 채취할 수 있고, 바닷물이 드나드는 길목마다 옛 선조들이 쌓아놓은 돌살(독살) 어장을 구경할 수도 있다. 그 풍경을 마주하는 순간, 마치 바다가 스스로 길을 열어주는 듯한 신비로움이 느껴진다.

　등대 앞에 서니, 친구들과 함께했던 겨울 추억이 떠올랐다. 보령에 갈 때마다 행복한 시간을 만들어 주었던 친구는 이곳을 떠났고, 우리는 더 이상 이곳에 올 일이 없어졌다. 친구가 떠난 이곳에 오니 함께했던 시간들이 더 소중한 기억으로 다가왔다.

　무창포항방파제등대는 일자형으로 밋밋한 외관을 하고 있었지만, 바다를 향해 묵묵히 서 있는 모습은 변함없이 든든했다. 나는 그 앞에서 다시 한 번 마음속 소망을 빌었다. 언젠가 꼭, 스페인 라 쿠루냐의 헤라클레스의 탑 앞에 설 수 있기를.

 안타깝게도 2020년 이후 전 세계를 강타한 코로나19로 인해 스페인은 특히 심각한 타격을 입었고, 출입국이 제한되면서 나는 아직 그 꿈을 이루지 못했다. 하지만 꿈은 여전히 내 안에서 살아 있다. 언젠가 그 탑 앞에 서서 무창포항방파제등대를 떠올리며 "이 작은 등대가 내게 큰 길을 열어주었다"라고 말할 날을 기다리고 있다.

 등대는 항해자를 위한 길잡이뿐만 아니라, 때로는 삶을 살아가는 이에게도 행운과 희망의 상징이 된다. 무창포항방파제등대가 내게 그랬던 것처럼.

불 밝힌 날 1991년 11월 29일
등대 위치 충청남도 보령시 웅촌읍 관당리 888-58
등대 높이 11m

길을 달리다,
대신등대

　부안 격포항에서 영광으로 가는 길이다. 전날까지만 해도 날씨가 꽤 추웠지만, 남쪽으로 내려와서인지 오늘은 한결 덜 춥다. 오른쪽으로 펼쳐진 서해는 해 질 녘 노을이 특히 아름답기로 유명하다. 국도 30번 해안도로는 길게 이어져 있고, 동해안의 아름다운 7번 국도에 견줄만하다. 어디에 서서 바라보든 멋진 노을을 볼 수 있다는 안내판과 포토 존이 곳곳에 설치되어 있다. 초행길에서 만나는 이런 소소한 즐거움이야말로 여행의 참맛이 아닐까.
　오늘의 목적지는 영광 백수 해안에 있는 대신등대다. 해가 질 무렵 도착할 수 있을 것 같아 마음이 설렌다. 내일이면 한 해의 마지막 날이니, 그 전에 이곳에서 한 해의 마지막 해넘이를 볼 수 있다면 더할 나위 없을 텐데, 목적지와 가까워질수록 하늘이 흐려져 아쉬운 마음이 든다. 하지만 하늘빛이 언제 다시 바뀔지 모르는 일이라, 아직 기대를 접기엔 이르다.
　일주일 전, 서해안에 눈이 꽤 많이 내렸다. 걱정했지만, 그건 기우였다. 고속도로는 말끔히 제설 되었고, 국도 역시 응달진 곳에만 잔설이 남아 있을 뿐, 운전을 하는데 큰 지장은 없었다. 방 안에

대신등대

서 뉴스로만 접하면 세상이 온통 걱정으로 가득하지만, 실제로 길 위에 서보면 그렇지 않다는 것을 알게 된다. 직접 체험하는 것과 간접 체험에는 차이가 있다는 것이다.

몇 해 전부터 등대를 찾아다니기 시작했다. 이번 시즌에는 서해안 등대를 목적지로 삼았다. 전날 밤, 울산에서 출발해 경기도 화성까지 올라왔고, 이후 서해안 라인을 따라 남쪽으로 내려오고 있다. 화성 제부도, 궁평항, 서산 간월도, 홍성 남당항, 보령 대천항과 무창포, 서천 홍원항과 마량진항, 부안 격포항을 지나 이제는 영광 대신등대로 향하고 있다. 경기도, 충청도, 전라도를 차례로 지나며 계절이 스며든 풍경들을 만났다.

해안도로가 끝나고 멀리 대신등대가 모습을 드러낸다. 도로 위에서 내려다보는 등대 전경은 눈을 떼기 어려울 정도로 아름답다. 어떤 것이든 적당한 거리를 두고 바라볼 때가 가장 좋다. 사람 사이도 마찬가지다. 거리를 두지 못해 갈등하고 상처 입기도 하면서 힘들어한다.

대신등대 입구까지 차량 진입이 가능해 접근성도 좋다. 대문 없는 입구 양옆으로 낮은 기둥이 세워져 있고, 나무 계단을 몇 걸음 내려간 뒤 다시 계단을 오르면 드디어 등대와 마주하게 된다. 하얀 몸통의 대신등대는 단아하면서도 절제된 아름다움을 지닌다. 매끈

한 일자형 구조지만 가로로 세 부분이 나뉘어 있어 단조롭지 않다. 그 위로 등롱이 얹혀 있어 전체적으로 간결한 미가 돋보인다.

하늘은 먹구름이 드나들며 변덕을 부린다. 그래도 쉽게 자리를 뜰 수가 없다. 어제는 강행군이었기에 오늘은 비교적 여유 있는 일정이다. 대신등대를 마지막으로, 목포로 가면 오늘 하루는 마무리된다. 이왕 서해까지 온 김에 황홀한 노을을 한 번쯤은 보고 가고 싶다. 하지만 그것은 오롯이 하늘의 뜻에 달린 일, 인간의 바람으로는 어쩔 수 없다.

기다림 끝에, 먹구름 사이로 살짝 얼굴을 내민 노을 한 자락을 볼 수 있었다. 비록 화려한 붉은 노을은 아니었지만, 섭섭하지 않았다. 그 모습은 그 모습대로 충분히 아름다웠다. 황홀한 순간을 쉽게 만날 수 있다면, 오히려 그 순간은 더 이상 황홀하지 않을지도 모르기 때문이다.

등대에서 제법 오래 머물렀다. 겨울 바다의 시린 파도 소리를 들으며 벤치에 앉아, 전날 달려온 길을 곱씹었다. 한밤중에 도착한 제부도는 바닷길이 열려 있어 차로 들어갈 수 있었다. 하지만 칠흑같은 어둠에 무서울 정도였다. 찬바람은 뼛속까지 스며들었고, 무서움과 추위가 겹쳐 온몸이 떨렸다. '도대체 이걸 왜 하고 있나' 싶은 생각이 들었지만, 결국 내가 좋아서 시작한 일이니 웃고 말았다.

물이 들어오기 전 서둘러 제부도를 빠져나왔다.

이후 전곡항을 거쳐 궁평항에 도착했을 즈음, 동이 트기 시작했다. 뜻밖에 궁평항에서 맞이한 일출은 잊을 수 없는 장면이었다. 새벽어둠 속에 움츠렸던 마음이 햇살 아래 사르르 녹아내렸다. 등댓길에서 마주친 인연들도 그 순간만큼은 다들 행복했기를 빌어본다.

서산 간월도를 지나, 보령 무창포와 서천 마량진항을 거쳐 다시 부안으로, 그리고 30번 국도를 따라 영광까지 달려왔다. 궁평항에서 우연히 만난 해돋이를 떠올리며, 대신등대에서 미처 보지 못한 노을에 대한 미련은 덜어내기로 했다. 아름다웠던 서해안의 여정을 뒤로하며, 언젠가 다시 이 해안선을 따라 여행하게 될 날을 기약하며 등대에 작별을 고했다.

어둠 내린 도로를 달리며 목포로 향한다. 내일은 또 어떤 풍경이 기다리고 있을까. 낯선 길이든 익숙한 길이든, 나는 여전히 길 위에 있고, 살아 있음을 느낀다. 그리고 떠날 수 있음에 감사한다.

이 시간이 조금만 더 내게 머물러주길 바란다. 이순 중반의 나이에 꾸는 꿈이 혹여 과하다고 여겨질지라도, 부디 그것을 나무라지 마시라.

불 밝힌 날 2013년 7월 8일
등대 위치 전라남도 영광군 백수읍 해안로 947-8
등대 높이 16.4m

천사의 날개로 흑산도를 밝히는
흑산도항방파제등대

　신안군 흑산면에 자리한 서해의 섬, 흑산도로 향했다. 흑산도에 가기 위해 전날 영광에서 목포로 내려왔다. 과거 홍도, 가거도에 가기 위해 들렀던 바로 그 목포였다. 이번에도 여객선 터미널에서 오전 7시 50분 배를 타고 약 2시간 만에 흑산도에 도착했다.

　실은 이번 여정에 흑산도는 포함되지 않았다. 서해안의 내륙 등대를 둘러보는 여정이었지만, 예기치 않게 시간을 절약하게 되면서 흑산도의 섬 등대까지 들를 수 있게 되었다. 흑산도행은 그야말로 덤으로 얻은 뜻밖의 선물이었다.

　나는 늘 계획대로 움직이는 편이지만, 등대 여행을 거듭하면서 돌발 상황에 대처하는 법을 배웠고, 삶을 더욱 다양한 각도에서 바라보는 시야를 갖게 되었다. 예상치 못한 일정 변화 속에서도 대처하는 순발력이 생겼고, 전에 없던 유연함도 길러졌다.

　배 안에서 만난 등대 동행들과 반갑게 인사를 나누며, 함께 '천사등대'라 불리는 흑산도항방파제등대로 향했다. 등대는 선착장에서도 보일 만큼 가까운 거리에 있었는데, 도보로 20여 분 걸렸다.

　이 등대는 1970년 5월 24일, 흑산도항을 오가는 선박의 안전 운

흑산도항방파제등대

항을 위해 세워졌다. 높이 13m의 백색 원형 강관 구조물로, '천사의 섬'을 모티브로 디자인된 것이 특징이다. 특히 일몰 무렵, 노을빛이 바다를 물들일 때 등대와 함께 설치된 조형물과 LED 조명이 흑산도의 푸른 바다와 어우러져 장관을 연출한다. 몸체에는 이 등대의 이름이 한자로 새겨져 있어 더욱 인상 깊었다.

　'흑산黑山'이라는 지명은 바닷물이 짙은 푸른빛을 띠어 멀리서 보면 산과 바다가 모두 검게 보인다는 데서 유래했다. 이곳은 다도해해상국립공원의 일부로, 인근에는 홍도, 장도, 영산도, 대둔도, 다물도 등이 있어 함께 흑산군도를 이룬다. 2021년 기준 인구는 1,764명이며, 기상청 예보구역상 '서해남부(북쪽안쪽) 먼바다'에 속한다.

역사적으로도 깊은 이야기를 품은 섬이다. 신라 시기인 서기 828년, 장보고 장군이 청해진을 설치하며 사람이 정착했고, 『입당구법순례행기』에는 백제 왕자가 이 섬으로 피신했다는 기록도 전해진다. 고려 초기에는 흑산현이 중심지가 되었으며, 조선 초에는 나주목의 흑산면으로 편입되었다. 오늘날까지도 흑산도는 과거의 역사를 고스란히 품고 있다.

이곳의 특산품으로는 홍어, 전복, 우럭, 성게, 돌김 등이 있다. 특히 흑산도의 홍어는 육지와 달리 삭히지 않고 회나 다양한 방식으로 조리해 먹는다. 물론 삭힌 홍어도 존재하지만, 신선한 회 맛을 경험할 수 있는 특별한 지역이기도 하다. 단, 가격이 비싼 것이 흠이라면 흠이다.

흑산도를 이야기할 때 정약전을 빼놓을 수 없다. 그는 다산 정약용의 형으로, 이곳에서 유배 생활을 하며 『자산어보』를 집필했다. 『자산어보』는 흑산도 주변의 해양 생물과 어촌 문화에 대한 집대성으로, 오늘날까지도 생물학과 민속학 분야에서 중요한 가치를 지닌다. 흑산도라는 제한된 환경 속에서도 백성들과 소통하며 생물과 바다를 연구했던 정약전의 태도는 학문을 넘어 인간적인 통찰을 전해준다.

그가 남긴 『자산어보』의 정신은 흑산도에 남아 자연과 인간, 과학과 삶이 하나로 어우러진 섬의 풍경을 더 깊이 이해하게 한다. 그렇게 등대 앞에 섰을 때, 단순히 선박을 인도하는 시설이 아닌, 이 섬이 품은 역사와 사람, 삶을 비추는 빛처럼 느껴졌다.

계획에 없던 여정으로 만나게 된 흑산도항방파제등대. 뜻밖의 선물처럼 다가온 이 등대를 끝으로, 2022년의 마지막 날이 저물어갔다. 이제는 이 빛을 기억하며 새로운 해를 맞이할 준비를 한다.

불 밝힌 날 1970년 5월 24일
등대 위치 전라남도 신안군 흑산면 예리 165-9
등대 높이 13m

소난지도에서 대난지도까지,
대난지도항방파제등대

'풍요의 등대' 탐방이 어느덧 막바지에 이르렀다. 이곳, 대난지도항방파제등대까지 다녀오면 마지막 목적지는 오직 백령도 한 곳만 남게 된다. 이번에는 대난지도로 향하기 위해 전날 당진으로 먼저 내려왔다. 대난지도로 들어가기 위해서는 도비도항에서 배를 타야 했기에, 항구에서 멀지 않은 숙소를 미리 잡았다.

이른 아침, 도비도항에 도착하니 이미 많은 사람이 주차 공간을 찾아 헤매고 있었다. 배표 예매가 되지 않아 서둘러 차에서 내려 매표소로 향했다. 그런데 목적지가 대난지도인데, 이 배는 소난지도까지만 태워 준다고 한다. 불과 십 분도 걸리지 않는 짧은 항해에 왕복 요금이 1인당 2만 원이라고 해서 처음엔 그 값이 너무 비싸게 느껴졌다. 나중에야 알게 되었지만, 정기 여객선이 수리 중이라 임시로 운항하는 선박이어서 운항 비용이 더 들 수밖에 없었다. 예전에는 왕복 만 원도 채 안 했다는 얘기에 괜히 억울한 기분도 들었다.

소난지도에 도착한 우리는 날씨가 맑고, 길도 잘 나 있어 대난지도까지 걷기로 했다. 걷는 여정의 시작은 순조로웠지만, 난지대교에 다다랐을 때, 거센 바람이 교각을 흔들 만큼 불어댔다. 지나가

대난지도항방파제등대

던 한 차량 운전자가 같은 방향이라며 태워 주겠다고 했을 때 거절한 것이 살짝 후회되기도 했지만, 걸으며 마주하는 풍경들은 그만한 가치가 있었다. 공기는 청량했고, 바람은 점차 잦아들었으며, 길가에 핀 풀꽃들과 한적한 마을 풍경이 마음을 편안하게 해주었다.

그러나 예상보다 목적지가 쉽게 나타나지 않았다. 이미 꽤 오래 걸었지만, 대난지도항이 보이지 않아 걱정이 밀려왔다. 섬에서 나가는 배 시간은 정해져 있는데, 혹여 길을 잘못 든 것은 아닐까 하는 생각이 들었다. 마침 파출소가 보여 들어가 도움을 청했다. 친절한 경찰관의 안내를 받아 방향을 바로잡을 수 있었고, 덕분에 무사히 대난지도에 도착할 수 있었다.

드디어 마주한 대난지도항방파제등대는 봄 바다를 등지고, 붉은색 옷을 입은 모습으로 우뚝 서 있었다. 잘록하게 들어간 허리는 마치 장구를 세워놓은 듯한 단아한 모습이었다. '풍요의 등대' 여권에 스탬프를 조용히, 그러나 힘차게 눌러 찍었다. 몇 번의 시도 끝에 마침내 여기까지 왔다는 사실이 새삼 뿌듯하게 다가왔다.

등대 근처에서 식당 하나를 발견하고 반가운 마음에 들어갔지만, 메뉴판에 있는 음식을 주문할 수는 없었다. 단체 예약 손님만 받는 곳이었다. 육지처럼 손님이 자주 드나드는 환경이 아니다 보니, 그런 사정도 이해가 되었다. 결국 먹을 수 있는 건 컵라면뿐이었고,

가격은 사천 원. 전날 입파도에서는 삼천 원이었기에 이곳이 조금 더 비쌌지만, 섬이라는 특수성을 생각하면 충분히 수긍할 수 있었다.

대난지도는 이름 그대로 '난초'와 '지초'가 많이 자생해 붙여진 이름이며, 우리나라 10대 명품섬 중 하나로 손꼽힐 정도로 경관이 뛰어나다. 태안반도에서 북쪽으로 약 4km 떨어진 해상에 자리 잡고 있고, 소난지도와는 동남쪽으로 약 1km 수로를 사이에 두고 서로 마주하고 있다. 최고 높이는 119m로 대부분이 낮은 구릉지이고, 동쪽 해안은 깊이 파인 만이 있어 섬 전체가 'ㄷ'자 형태를 띤다. 북쪽 해안에는 모래언덕이 발달해 있어 특유의 지형미를 자아낸다. 기후는 비교적 온화하고 비가 많은 편이지만, 겨울에는 북서계절풍의 영향을 강하게 받는다.

이제 다시 돌아갈 시간. 배를 타려면 대난지도에서 소난지도로 다시 건너가야 한다. 낯섦과 익숙함의 차이일까. 이번엔 왔던 길을 되짚어 걸었는데, 올 때보다 훨씬 가깝게 느껴졌다. 발밑에는 해풍 맞고 자란 쑥이 자라 있어서 잠시 멈춰 손으로 몇 포기 뜯으며 여유롭게 걸었다. 선착장에 도착하니 아침에 함께 배를 탔던 사람들이 이미 도착해 있었다. 한 사람이 물이 너무 빠지면 배가 못 들어올 수도 있다고 말해 순간 긴장했지만, 저 멀리서 우리가 탈 배가 모습

을 드러냈다. 무사히 돌아갈 수 있겠다는 안도감에 가슴이 놓였다.

이제, '풍요의 등대' 탐방도 한 곳만 남겨두었다. 다시 또 배에 몸을 싣고, 다음 여정에서 펼쳐질 풍경과 이야기를 기대하며 우리는 도비도항을 떠났다.

불 밝힌 날　2016년 6월 22일
등대 위치　충청남도 당진시 석문면 난지도리 4-26
등대 높이　9.2m

국화꽃 가득한 국화도와
입파도의 컵라면

지난겨울 다녀간 궁평항에 다시 왔다. 국화도와 입파도를 가기 위해 궁평항에서 배를 타야 했기 때문이다. 두 섬은 연계 노선으로 함께 방문할 수 있는데, 먼저 국화도에 내려 약 두 시간 머문 뒤, 입파도로 향하는 여정이다. 제부도를 갈 때 한 번 들른 궁평항, 이번에는 새롭게 진수한 '서해도선'을 타게 되었다. 오늘이 바로 그 새 배의 첫 출항일이라니, 생각지도 못한 행운이었다.

오전 9시 배는 이미 매진이라 오전 11시 배를 타게 되었는데, 매표소 앞에는 갈매기에게 줄 새우깡을 사는 사람들이 많았다. 우리는 갈매기보다 우리가 먹으려고 한 봉지를 사 들고 배에 올랐다. 날씨가 좋아 더욱 푸르른 봄 바다 위를 배가 나아가자, 기다렸다는 듯 갈매기 떼가 배 주위를 맴돌았다. 사람들은 손바닥에 새우깡을 올려 갈매기와 '교감'하는 듯했지만, 문득 이런 인공 간식이 과연 갈매기에게 괜찮은 것인지 걱정되기도 했다.

국화도에 도착해 가장 먼저 향한 곳은 '국화도항A방파제등대'였다. 궁평항방파제등대처럼 노란 등대였는데, 이곳도 등대 주변이 위험한 곳임을 오가는 배들에 알려주고 있었다. 등대를 바라보며,

국화도항A방파제등대

가을이면 국화꽃이 가득 피어난다는 국화도의 풍경이 떠올랐다. 노란 등대는 마치 국화 한 송이가 피어 있는 듯한 인상을 주었다.

등대 주변 방파제에는 낚시꾼들이 삼삼오오 모여 있었다. 물때가 좋은 듯 낚싯대를 드리운 사람들, 산만하게 널린 낚시 도구들, 그 옆에서 라면을 끓이는 모습은 여행객의 눈에는 그리 반가운 풍경은 아니었다. 무엇보다 치우지 않은 쓰레기들이 구석에 쌓여 있는 모습은 아쉬움을 남겼다.

점심시간이 되어 '국화식당'이라는 현지 식당에 가보았지만, 긴 줄에 결국 식사는 포기했다. 대신 빠른 걸음으로 국화도를 한 바퀴 돌아보기로 했다. 봄기운 완연한 숲길을 따라 전망대에 올랐다. 경치를 즐기며, 준비해 간 간식으로 가볍게 요기했다. 비록 짧은 시간이었지만, 아름다운 섬이었기에 이름처럼 곱고 정겨운 국화도와의 작별이 못내 아쉬웠다. 가을의 국화 만발한 모습은 상상으로 남겨두었다.

불 밝힌 날   2005년 12월 5일
등대 위치   경기도 화성시 우정읍 국화길 2
등대 높이   12m

오후 1시 40분, 국화도에서 입파도로 향하는 배에 올랐다. 두 섬은 약 5km 거리. 입파도 선착장에 내리니 봄바람이 아닌 강풍이 맞아주었다. 곧장 '입파도등대'를 향해 오르막길을 걷기 시작했다. 약 30분을 걸어 도착한 등대 앞에서, 하루에 두 개의 섬 등대를 인증한 성취감에 저절로 뿌듯한 마음이 들었다.

입파도등대는 붉은 기암괴석 위에 우뚝 서 있었다. 자연이 간직한 태고의 신비를 그대로 보여주는 듯했다. 평택지방해양수산청이 선정한 '일몰이 아름다운 서해안 등대 6선' 중 하나로, 등대에서 바라보는 서해안의 풍경은 탁 트인 아름다움 그 자체였다. 산책로 주변으로는 야생화와 나무들이 조화를 이루며 정취를 더했다.

아쉽게도 일몰 시각까지 머무를 수는 없었지만, 머릿속으로는 붉은 바다를 배경으로 서 있는 하얀 입파도등대의 환상적인 모습을 그려보았다.

등대에서 내려와 선착장으로 돌아오니 여전히 강한 바람이 몰아쳤다. 점심도 거른 채 한껏 허기진 상태였기에 선착장 앞 민박집 가게로 향했다. 어두컴컴한 가게에 컵라면이 보였다. 반가운 마음에 가격을 물었다.

"삼천 원이여유. 드실라믄 유통기한 잘 보셔유."

뜻밖의 말에 잠시 멈칫했다.

입파도등대

"그럼, 유통기한 지난 건요?"

"지가 다 묵어유."

그 대답에 말문이 막혔다. 유통기한이 채 한 달도 남지 않은 컵라면을 고르고, 뜨거운 물은 어디 있는지 두리번거리고 있는데 추우니 방으로 들어가란다. 그러나 방은 어두웠고, 전등 스위치를 눌러도 불이 켜지지 않았다. 방문을 열어놓으니, 주인이 왜 문을 열었냐고 묻는다. 사정을 설명하니 전기장판을 꺼야 불이 들어온다고 했다.

그 순간 마음이 묵직해졌다. 같은 시대를 살고 있지만, '육지'와 '섬'이라는 공간의 차이는 생각보다 컸다. 우리는 당연하게 여겼던 것들—따뜻한 방, 밝은 전등, 유통기한 넉넉한 컵라면—이곳에선 그렇지 않았다. 나의 당연함이 누군가에게는 그렇지 않다는 것을 몸소 느끼며, 나는 참 많은 것을 누리며 살고 있다는 사실을 새삼 깨닫게 되었다.

짧지만 강렬했던 국화도와 입파도에서의 하루. 아름다운 등대와 푸른 바다, 그리고 컵라면 한 그릇이 가르쳐 준 소중한 삶의 단면. 다시 바다를 건너 돌아오며, 그 감정을 오래도록 간직하고 싶어졌다.

불 밝힌 날 2007년 12월 14일
등대 위치 경기도 화성시 우정읍 국화리 산 4-1
등대 높이 26m

평화의 바다를 비추는
연평도등대

    북녘과 마주한 바닷길 끝에서 한 줄기 희망을 밝히는 등대를 찾아 나섰다. 꺼졌던 불이 다시 켜지기까지 45년, 연평도등대는 오랜 침묵 끝에 다시 바다를 비추기 시작했다. 그 빛을 보기 위해, 나는 눈 내린 바다를 건넜다.

    숙소에서 눈을 뜨니 창밖이 하얗게 물들어 있었다. 눈이 펑펑 쏟아지고 있었다. 오늘은 인천항에서 배를 타고 연평도로 향하는 날이었다. 잠시, 혹시 이런 날씨에 배를 못 타는 건 아닐지 걱정됐지만, 그렇다면 이미 결항 문자가 왔을 것이다. 서둘러 준비를 마치고 여객선 터미널로 향했다. 터미널까지 걸어가는 동안에도 눈은 쉴 새 없이 내렸다. 세상을 모두 덮어버릴 듯한 눈발이었다. 미끄러운 길 위를 조심스레 걸었다.

    이번 여행의 계획은 연평도를 시작으로 백령도, 가능하다면 대난지도까지 가보는 것이었다. 가기 쉽지 않은 섬들이라 마음을 다 잡고 출발했지만, 인천으로 올라오면서 예기치 못한 교통 체증에 발이 묶였다. 계획대로라면 첫날 인천항의 역무선방파제등대에 먼저 들러야 했지만, 늦은 시간이라 갈 수 없었다. 어쩔 수 없이 연평도에서 나오는 길에 들르기로 일정을 바꿨다. 계획은 언제나 틀어지는 법, 첫날부터 꼬이기 시작했다.

　강추위에 눈 소식까지 있었지만, 일행들의 사정상 출발을 미루기도 어려웠다. 배만 뜨면 된다고 생각했고, 다행히 연평도로 가는 배는 예정대로 운항했다. 그 순간 안도의 한숨이 나왔다. 배에 오르자, 눈은 바다 위로 하얗게 흩날렸다. 바다로 떨어지는 눈은 하얀 꽃잎 같았다. 예상치 못한 겨울 바다의 풍경은 여행의 또 다른 선물처럼 느껴졌다.

　인천항에서 연평도까지 약 2시간 10분. 섬에 도착하니 눈은 그치고, 밤새 내린 눈으로 연평도는 마치 한 폭의 설경화처럼 변해 있었다. 마중 나온 차를 타고 등대로 향하려 했으나, 인적 드문 경사 길에는 제설 작업이 되어 있지 않아 차량이 오를 수 없다고 했다. 스틱도 아이젠도 없이 저 길을 걸어야 한다고? 남쪽에서 살아온 나는 눈길을 거의 걸어본 적이 없었다. 특히 오르막길은 더욱 막막했다. 차를 수배한 이유가 무색해졌다.

　연평도는 인천광역시 옹진군의 섬으로, 대연평도와 소연평도로 이루어져 있다. 당섬, 구지도 같은 부속섬도 품고 있다. 휴전 당시 황해도의 관할권에서 제외된 서해 5도의 하나로, 주민의 대부분은 황해도 출신 실향민과 그 후손들이다. '연이어 뻗친 땅'이라는 뜻

연평도등대

의 이름처럼, 이 섬은 긴 시간 동안 분단의 경계에서 살아왔다.

북서쪽으로 38선과 맞닿아 있는 이 섬은 북한과 매우 가까워, 인천항까지는 122km지만 북한 해주항까지는 불과 40km, 강령반도의 육세미까지는 겨우 12.7km밖에 되지 않는다. 맑은 날이면 황해도 해주 땅이 맨눈으로도 보인다. 유사시 해안포 사정거리 안에 드는 위험 지역이라, 2010년에는 실제로 연평도 포격전이 발생하기도 했다. 지금도 연평부대가 주둔하며 섬을 지키고 있다.

눈길을 걸어 대연평도 남단으로 향했다. 평지도 아닌 미끄러운 오르막 눈길, 걷기가 버거웠다. 결국 한 번 크게 미끄러져 왼쪽 팔꿈치를 다쳤다. 몹시 아팠지만, 일행들을 걱정시킬까 봐 내색하지 않았다. 그래도 등대가 가까워질수록 눈앞의 풍경은 점점 더 장엄해졌다. 눈 덮인 계단 위로 마침내 등대가 모습을 드러냈다.

연평도등대는 1960년 3월 23일 처음 불을 밝혔다. 한동안 연평도 어선들의 길잡이로서 역할을 했지만, 1974년 7월 국가 안보상의 이유로 불이 꺼졌다. 이후 1987년에는 기능을 완전히 상실하며 기억 속으로 사라졌다. 그러다 2019년 5월, 45년 만에 다시 불을 밝혔다. 오랜 세월 꺼져 있던 등대가 초로에 다시 빛을 내게 된 것이다.

등대를 마주한 순간, 묘한 감정이 밀려왔다. 등대로 태어났지만 긴 시간 꺼진 채 제 역할을 하지 못했던 존재. 그러나 다시 밝힌 불빛이, 남북을 동시에 비추는 평화의 빛이 되길 바랐다. 등대는 그 자체로 경계의 상징이지만, 빛은 늘 중립적이고 공평하다. 피아를 가리지 않고 어둠 속을 밝히는 존재이기에 더 애잔했다.

 등대 아래에는 조기역사관이 있다. 팔작지붕의 2층 건물로, 1층에는 연평도의 조기잡이 역사를 담은 전시 공간이, 2층에는 사방으로 시야가 트인 누마루형 전망대가 있다. 역사관 옆에는 한때 영화로웠던 조기 떼와 조기잡이 배를 형상화한 조형물도 세워져 있다. 지금은 조기 대신 꽃게가 연평도의 주요 어종이 되었지만, 기억은 여전히 이곳에 남아 있었다.

 망향 전망대에 오르니, 눈앞의 무인도가 북한 땅이었다. 불과 3km 거리. 등대의 불빛조차 나누지 못했던 그 시절을 생각하니 마음이 무거워졌다. 그러나 등대는 언제나 그 자리에 있었다. 비록 불이 꺼졌을지라도, 다시 불을 밝힐 준비를 하며 기다리고 있었다.

 연평도등대가 다시 불을 밝힌 지 몇 해 되지 않았다. 남북 관계는 다시 얼어붙고, 서해 5도 주민들은 오늘도 긴장 속에서 살아간다. 점심을 먹었던 민박집 주인에게서 '연평도 포격전' 이야기를 들으며, 이곳이 단지 풍경 좋은 섬이 아니라는 것을 다시금 실감했다.

 눈 내린 연평도와 그 속의 등대는 우리나라의 현실을 상징하는 듯했다. 평화와 대치, 망각과 기억, 어둠과 빛이 공존하는 그 공간에

서 나는 긴 사유에 잠겼다.

    우리는 끝내 백령도에는 가지 못했다. 결항이었고, 나는 팔이 골절됐다. 그러나 이 모든 곡절 끝에 등대를 만났기에, 그 하루는 더 오래 기억될 것이다. 그리고 그 등대가, 다시는 꺼지지 않기를 바랄 뿐이다.

불 밝힌 날   1960년 3월 23일
등대 위치   인천광역시 옹진군 연평면 연평로 682번길 62
등대 높이   9.5m

최북단 섬 백령도에 세워진
용기포항서방파제등대

드디어 백령도에 도착했다. '풍요의 등대' 탐방의 마지막을 장식하기 위한 여정이었다. 오고 가기 쉽지 않은 곳, 특히 내가 사는 울산에서는 더욱 먼 섬이다. 인천까지 기차를 타고, 그곳에서 다시 네 시간을 배로 가야만 닿을 수 있는 섬. 긴 여정 끝에 무사히 백령도에 발을 디뎠다.

몇 달 전, 한겨울 인천에서 출발해 연평도등대와 역무선방파제등대 두 곳은 다녀올 수 있었지만, 백령도는 뱃길이 막혀 접근조차 할 수 없었다. 설상가상 눈 덮인 연평도에서 미끄러져 팔이 골절되는 사고까지 당했다. 깁스를 풀고 재활치료를 받으며 몸을 회복하는 사이 계절은 봄으로 바뀌었다.

따스한 햇살이 내리쬐는 5월 초순, 마지막 남은 '용기포항서방파제등대'를 만나기 위해 한 달 전부터 예약해 둔 배에 몸을 실었다. 운 좋게도 날씨는 쾌청했고, 바다는 장판처럼 고요했다. 흔들림 하나 없는 항해 덕분에 멀미도 없이 백령도에 첫발을 내딛을 수 있었다.

용기포항서방파제등대는 여객선 터미널에서 멀지 않은 곳에

용기포항서방파제등대

있었다. 마지막 미션을 완수하기 위해 발걸음을 옮겼다. 등대는 하얀 일자형의 단순한 구조였지만, 바다를 마주한 그 모습에는 꺾이지 않는 의지와 단단한 침묵이 느껴졌다. 거센 파도도 두려워하지 않을 듯한, 묵묵한 위엄이 서려 있었다. 등대는 나를 무심하게 바라보았고, 나는 그 시선을 조용히 받아들였다. 먼 길을 마다치 않고 너를 만나러 왔건만, 등대는 언제나 그렇듯 나의 짝사랑이었다. 절로 웃음이 났다.

그렇게 '풍요의 등대' 지도의 마지막 퍼즐이 채워졌다. 백령도의 맑은 날씨만큼 마음도 환해졌다. 곡절 끝에 해낸 일이기에 성취감은 더욱 깊었다.

하룻밤을 묵으며 백령도의 속살까지 제대로 들여다보기로 했다. 백령도는 인천광역시 옹진군 백령면에 있는 섬으로, 서해 5도와 대청군도 중에서도 가장 큰 섬이다. 행정적으로는 진촌리, 가을리, 남포리, 북포리, 연화리의 다섯 개 리로 구성되어 있으며, 대한민국 최서단이자 서해 최북단에 해당한다.

한국전쟁 직전까지도 이북의 초도와 석도까지 국군이 주둔했지만, 정전협정 후 철수했다. 현재 백령도의 인구는 약 1만 명. 이 중 절반은 군인, 나머지는 주민이다. 섬이라고는 하지만 어업 종사자는 2% 남짓. 오히려 농업이 중심인데, 한 해 쌀 생산량만 해도 4

년 동안 섬 주민 모두가 먹고 남을 정도라고 한다.

하룻밤을 보낸 민박은 사곶 해변을 바라보고 있었다. 짐을 풀고 나서 바닷가로 나가보니 물이 빠진 드넓은 해안이 펼쳐져 있었다. 사곶 마을의 해안은 세계적으로도 희귀한 천연비행장으로, 썰물 때 드러나는 규조토 모래밭은 마치 콘크리트처럼 단단하다. 실제로 한국전쟁 당시 유엔군의 작전 전초기지로 비행장이 사용되었으며, 지금은 해수욕장으로 널리 알려져 있다.

민박집 주인은 백령도 토박이로, 마치 전문 가이드처럼 섬 곳곳을 안내해 주었다. 끝섬 전망대에서 백령도의 전체 윤곽을 듣고, 백령대청지질공원으로 향했다. 유네스코 세계자연유산 등재를 준비 중인 이곳은 갈매기의 번식지이자 운이 좋으면 점박이물범까지 만날 수 있는 생태의 보고다.

사곶의 단단한 모래밭과는 대비되는 콩돌 해변은 콩알처럼 동글동글한 자갈로 이루어져 있었다. 이곳에서는 맨발로 걸으며 발바닥 통증으로 건강 상태를 점검해 보라고 권한다. 콩돌 해변은 투명하게 맑은 바다와 웅장한 풍광이 이어졌다.

서해 최북단을 기념하는 백령도비와 함께 심청각에도 들렀다. 장산반도가 눈앞에 펼쳐지고, 북한 땅이 바로 코앞처럼 느껴졌다. 긴장감 속에서도 자연스레 '장산곶 마루에~'로 시작되는 몽금포타

령을 흥얼거리게 된다.

늦은 오후, 예약해 둔 유람선을 타고 서해의 비경 두무진을 보았다. 유람선 항해는 이 섬에서 꼭 경험해야 할 순간 중 하나였다. 해가 질 무렵, 수직으로 치솟은 기암괴석 사이로 황금빛이 번지는 광경은 실로 장관이었다. 서해의 해금강이라 불리는 이유를 몸소 느낄 수 있었다.

마침 우리가 방문한 시기에 '백령도 스탬프 투어'가 진행 중이었다. 지정된 명소 8곳을 방문하면 특산물 '까나리액젓'을 선물로 준다고 하여, 여행의 쏠쏠한 재미까지 더할 수 있었다. 명소를 모두 완주했고, 선물도 받았다.

머무는 이틀 동안 날씨는 정말 좋았다. 백령도가 원래 이런 곳인가 착각이 들 정도로 맑고 포근했다. 현지 주민은 하루는 반드시 바람이나 비가 몰아쳐 배가 끊기는 경우가 많은데, 우리가 유독 운이 좋은 거라고 했다. 작별 인사와 함께 "우리는 당신 덕분에 백령도를 잘 보고 간다."라는 말을 남기고 돌아섰다.

살아가며 자신이 가치를 두고 행하는 일이 하나씩 완성되어 가는 기쁨은, 그것을 직접 해낸 사람만이 아는 깊은 충만감이다. 때로는 뜨거운 태양 아래 산을 오르고, 어떤 날은 비바람을 맞으며, 또 어떤 날은 험한 바다를 건너야 한다. 때로는 계획이 어긋나고, 그 길에서 다치기도 한다. 그러나 그 모든 여정의 끝에서 마주한 등대는 단순한 구조물이 아니다. 그것은 나의 고독을 받아주는 벗이며, 흔들림 속에서도 중심을 잡게 해주는 '빛'이다.

    등대를 만나기 위해 떠나는 여정은 결국, 나 자신을 만나는 길이었다. 그리고 그 등대의 침묵 속에서 나는 매번 삶을 다시 배운다. 그렇게 나는 오늘도 등대를 향해 걷는다. 끝을 밝히는 그 한 점의 빛처럼, 흔들려도 꺼지지 않을 나만의 신념을 따라.

불 밝힌 날   2011년 11월 2일
등대 위치   인천광역시 옹진군 백령면 진촌리 2621
등대 높이   9m

4부

물결 따라 걷는 쉼표 여행, 힐링의 등대

삼천포구항동방파제등대

마산항서파제제서단등대

애도등대

서이말등대

마량항중방파제등대

녹산곶등대

추자도등대

죽도등대

방두포등대

──────── 남해안과 제주도의 숨겨진 보석 같은 등대를 찾아가는 '등대스탬프투어' 5탄, 힐링의 등대가 2023년 12월 15일 시작되었다. 국립등대박물관에서 신청한 '등대여권' 두 권이 도착했다. 녹색 표지의 여권에는 앞으로 가야 할 16곳의 등대 지도가 그려져 있었고, 내 기준으로 동쪽에서 서쪽으로 그러니까 부산에서부터 전남 강진까지 이어지는 여정이었다. 바다 건너 제주도와 추자도, 거문도도 포함되어 있었다.

　　등대여권을 손에 쥐자마자 속전속결로 달리는 사람들을 보며 '기록경기라도 되나?' 싶었지만, 사실 나 역시 기회만 된다면 곧장 떠나고 싶은 마음이었다. 하지만 함께할 옆지기의 일정을 기다려야 했다. 그러던 차, 등대 투어 중 알게 된 친구에게서 연락이 왔다. 새해 초 제주권 등대를 다녀올 예정인데, 시간이 맞으면 함께 가자는 제안이었다. 망설일 이유가 없었다. 제주도에서 가야 할 등대는 총 네 곳. 가능하다면 추자도까지 계획에 넣기로 했다.

　　친구 덕분에 제주 죽도등대에서 '힐링의 등대' 첫 인증을 하며 투어가 시작되었다. 제주에서는 죽도등대, 신창등대, 방두포등대, 북촌리 도대 등을 가야 한다. 이 중 죽도등대는 차귀도행 유람선을 타야 갈 수 있고, 나머지 세 곳은 육로로 이동할 수 있었다. 추자도는 날씨가 애매해 일단 운에 맡기기로 했지만, 아쉽게도 새벽에 결항 문자가 도착했다. 결국 제주 네 곳만 다녀왔지만, 절반을 마친 듯한 기분이었다. 남은 곳 대부분은 육로로 이동할 수 있었고, 추자도와 거문도 같은 섬은 전라권 일정과 연계하면 되기 때문이다.

제주 일정을 마친 며칠 후, 동남권 등대를 탐방했다. 부산 중리항 방파제등대, 거제 서이말등대, 통영 운하방파제등대, 마산항서파제제서단등대까지, 순조롭게 네 곳을 둘러보며 '힐링의 등대' 16곳 중 절반인 8곳을 완료했다. 이후 잠시 숨을 고르다가 다시 여행길에 올랐다.

일주일 후, 진도항에서 추자도로 향하는 일정을 위해 한밤중에 길을 나섰다. 몇 년 전에 왔을 때 공사 중이던 진도항은 완전히 새 단장을 마친 모습이었다. 우리는 3,000톤이 넘는 '산타모니카' 호에 올라 45분 거리의 추자도로 향했다. 겨울비가 세차게 내리던 추자도에서 인증을 마친 후, 다시 진도항으로 돌아와 강진 마량항으로 이동했다. 다음날에는 고흥 나로도항, 여수 백야도, 돌산항, 거문도, 하동 술상항을 거쳐, 마지막으로 삼천포구항동방파제등대에서 '힐링의 등대' 여권에 마지막 스탬프를 찍었다.

그동안 다양한 경험이 쌓인 덕분에 '힐링의 등대'는 단 열흘 남짓한 기간에 마칠 수 있었다.

참고로 그동안 진행된 등대 스탬프 투어는 아래와 같다.

1탄: 아름다운 등대(15곳)

2탄: 역사가 있는 등대(15곳)

3탄: 재미있는 등대(17곳)

4탄: 풍요의 등대(16곳)

5탄: 힐링의 등대(16곳)

2018년부터 2024년까지 이어진 등대 여행은 단순한 스탬프 투어를 넘어, 나의 삶에 쉼표를 선사한 시간이자 진정한 힐링의 여정이었다.

볼래기 동산 위에서 만난
죽도등대

제주공항에서 고산리 자구내 포구까지 가는 데 시간이 빠듯했다. 겨우 십여 분을 남기고 포구에 도착했을 때, 숨을 몰아쉬며 마지막 손님으로 유람선에 오르려던 찰나였다. 인터넷으로 예매한 표는 매표소에 제시해 승선용 목걸이를 발급받아야 한다는 설명이 뒤따랐다. 순간 아찔했지만, 사람 좋은 선장이 웃으며 "기다려 줄 테니 얼른 다녀오라"고 했다. 선장의 너그러움 덕분에 무사히 배에 오를 수 있었다.

이 여정은 새해 첫날을 보낸 다음 날부터 시작되었다. 아침 7시 제주행 비행기를 타고 날아오르자마자 뜻밖의 선물이 기다리고 있었다. 바로 운해 위로 떠오르는 찬란한 일출. 하늘에서 바라본 아침 해는 숨이 멎을 만큼 장엄했고, 그 순간 이 짧은 여정이 순조로울 것이라는 예감이 들었다. 다음 날에는 추자도까지 배를 타고 가야 했기에 기상 변수에 따라 일정이 흔들릴 수도 있었지만, 이날만큼은 모든 것이 순탄해 보였다.

내가 향한 곳은 제주 서쪽 해안, 한경면 고산리 자구내 포구에서 출발해 약 2km 떨어진 차귀도遮歸島였다. 유람선을 타고 십여 분

죽도등대

이면 도착하는 가까운 섬인데 그 안에는 두 개의 섬, 죽도와 와도가 어우러져 있다. 통칭 '차귀도'라 불리는 이곳은 2000년에 생물학적·지질학적 가치를 인정받아 천연기념물로 지정되었으며, 기암괴석과 해식 절벽이 어우러진 절경으로도 유명하다.

'차귀도'라는 이름에는 흥미로운 전설이 깃들어 있다. 옛날 중국에서 온 호종단이 제주에서 중국에 대항할 인재가 태어날 것을 두려워해 지맥과 수맥을 끊은 뒤 본국으로 돌아가려 했는데, 이때 한라산의 수호신이 매로 변해 폭풍을 일으켜 이 근처에서 그들의 배를 침몰시켰다고 한다. 배의 귀환을 막았다는 의미에서 '차단할 차遮'와 '돌아갈 귀歸' 자를 써서 '차귀도'라 불린다.

나는 오늘, 이 전설이 잠든 섬에서 죽도등대를 만나러 가고 있다. 배 위에서 펼쳐진 섬들의 풍경과 선상에서 흘러나오는 음악은 어느새 내 마음에 고운 물결을 일렁이게 한다. 찰나의 여유, 찰나의 아름다움. 카메라를 꺼낼 틈조차 아까울 만큼 눈으로 담는 것이 더 소중하게 느껴졌다. 무인도에 내리면 어떤 풍경이 기다릴까? 늘 낯선 땅을 밟을 때마다 느끼는 설렘이 이번에도 밀려왔다.

유람선에서 내리자마자, 길을 따라 곧장 등대로 향했다. 대숲과 갈대밭을 지나 옛 집터를 거쳐 바닷가를 따라 나아가자, 시야가 열리며 숨막히게 아름다운 풍경이 펼쳐졌다. 그 순간 나는 발걸음을 멈추고 바다를 향해 섰다. 시퍼런 물빛 속에서 세속에 찌든 눈을 씻고, 짧은 순간이지만 가슴 깊은 곳까지 맑게 비워냈다. 저 멀리 산등성이 위에서 성냥갑처럼 조그맣게 보이던 등대는 점점 가까워지고 있었다.

차귀도는 현재 무인도이지만, 1970년대 말까지 7가구가 거주하며 보리, 콩, 참외, 수박 등을 재배했던 적이 있다고 한다. 섬을 걷다 보면 그 시절의 흔적들이 남아 있다. 집터의 흔적, 연자방아, 빗물 저장시설이 그들의 삶의 무게를 말없이 전한다.

드디어 도착한 죽도등대. 파란 하늘을 배경 삼아 바다를 향해 묵묵히 서 있는 새하얀 이 등대는, 예전에 찾았던 한림읍 비양도등대와 참 많이 닮아 있었다. 마치 쌍둥이 등대 같았다. 그러나 이 죽도등대에는 특별한 이야기가 담겨 있다. 죽도등대는 한경면 고산리 주민들이 손수 만든 무인 등대다. 1957년부터 빛을 발하기 시작하여 현재까지 자동적으로 어둠을 감지하고 불을 밝히고 있다.

이 등대가 위치한 '볼래기 동산'은 차귀도 주민들이 등대를 만들 때 돌과 자재를 직접 지게에 지고 언덕을 오르며, 제주 사투리로 숨을 '볼락볼락' 가쁘게 쉬었다고 해서 유래된 이름이다. 지금은 자동 점등 장치로 어둠을 감지해 스스로 빛을 밝히지만, 그 시작은 누군가의 숨 가쁜 노력에서 비롯되었다.

　지금이야 배낭 하나 메고도 오를 만한 높이지만, 그 당시의 상황을 떠올리면 절대 가볍지 않은 오르막이었을 것이다. 나는 이곳에 올라 단순히 눈에 보이는 대로 "예쁘다", "절경이다"라고 말하는 것이 미안해졌다. 세상은 눈에 보이는 것만으로 판단할 수 없고, 그 이면의 노고와 사연을 헤아릴 줄 아는 시선이 필요하다. 그 시선을 가져야만 비로소 사물이 가진 진짜 빛을 볼 수 있기 때문이다.

　아름다운 자연 앞에 설 때마다 자연의 경이로움에 외경심이 생기는 것은 인지상정이지만 연륜이 더해 갈수록 그 마음은 더욱 커지는 것 같다. 계절 바뀔 때 다시 오고 싶은 곳이다. 수월봉을 바라보며 낙조도 보고, 갈대 우거진 섬길 걸어 다시 등대 앞에 서고 싶다.

해가 조금씩 기울어가는 볼래기 동산 위에서 나는 그동안 등대를 찾아다녔던 날들을 잠시 돌아보았다. 수년째 등대를 찾아다녔고, 매번 불편함을 감수해야 했지만, 그럼에도 불구하고 언제나 곁에는 따뜻하게 손을 내밀어 주는 이들이 있었다. 이번 제주 등대 여행도 예외는 아니었다. 혼자인 듯 혼자가 아니었던 시간들, 누군가는 내 등대가 되어 주었고, 나 또한 누군가의 등대가 될 수 있었던 순간들.

세상이 아무리 야박하고 거칠지라도, 등대는 늘 그 자리에 서서 어둠 속에서도 한 줄기 빛을 비춘다. 사람도 마찬가지다. 우리는 서로의 등대가 되어 주며 살아간다. 그리고 오늘, 나는 그 믿음을 다시 확인했다. 눈물 나도록 아름다운 차귀도의 풍광 속에서, 자연이 주는 위로와 사람의 정성스러운 흔적이 만나는 곳, 볼래기 동산의 죽도등대는 그렇게 나의 기억 속에 오래도록 남을 것이다.

불 밝힌 날 1952년 12월 23일
등대 위치 제주특별자치도 제주시 한경면 고산리 산117(산 정상)
등대 높이 5.1m

섭지코지 붉은오름 위,
방두포등대

제주의 바람은 방향을 가리지 않는다. 등을 떠미는가 싶더니 어느새 옆구리를 쿡 찌르고, 이마를 정면으로 밀어붙인다. 그 바람을 마주하며 나는 한참을 걸었다. 제주 바람의 매운맛을 온몸으로 느끼며 바람의 언덕 위에 세워진 방두포등대를 향해 가고 있다. 이곳을 섭지코지라고 부른다.

이색적인 지명의 섭지코지는 제주특별자치도 서귀포시 성산읍 고성리에 있는 해안 지형을 말하는데, 섭지란 재사才士, 즉 재주 있는 사람이 많이 배출되는 지세란 뜻이며 코지는 '섭지의 곶'→'섭짓곶이'→'섭지코지'가 되었다. 본래 섭지코지는 반도 끄트머리의 해안 절벽만을 가리키는 말인데 어쩌다 보니 반도 전체로 이름이 확장되었다.

바람 따라 물결 따라다니다 보니 이곳도 세 번째 방문으로 처음에는 섭지코지를 찾아왔는데 저 멀리 등대가 보였다. 방두포등대와의 첫 만남이었다. 그렇게 섭지코지에 있는 등대를 만나고 간 뒤, '이달의 등대' 인증 때문에 다시 찾게 되었고, 이번에는 '힐링'을 위해 왔다.

방두포등대

올 적마다 방향을 가리지 않는 제주의 매운바람을 마주해야 했지만, 육지로 돌아가면 바람의 존재는 흔적도 없이 사라졌다. 하지만 이곳은 헤아릴 수 없이 많은 바람과 파도와 해무, 그리고 별빛들이 그 작은 등대의 몸에 어떤 이야기들을 새기고 갔을까. 자못 궁금했다.

바로 앞 해안은 바위 지대였다. 용암이 식으며 쌓인 검은 바위들이 굴곡진 삶처럼 겹겹이 누워 있었다. 절벽 아래로는 파도가 바위를 때리며 흩어졌다가, 또다시 다가오기를 반복하고 있었다. 그 반복을 보며, 문득 내 마음속 흔들림들도 이렇게 바위에 닿았다 물러가는 파도처럼, 조용히 다듬어졌으면 했다.

방두포등대는 바람의 언덕 위에서 4초에 한 번씩 불빛을 깜빡이며 제주 동쪽바다의 뱃길을 비춰준다. 방두포등대는 붉은 화산송이로 덮여 '붉은오름'이라고 불리는 기생화산의 봉우리에 자리 잡고 있어 멀리 있는 바다에서도 잘 보인다. 등대로 이어진 계단을 따라 전망대에 오르면 탁 트인 바다와 함께 유채꽃이 만발한 드넓은 초원지대 풍경을 한눈에 볼 수 있다.

이 지역 사람들은 방두포등대를 '소원등대'라고 부른다. 출어할 때 등대를 보며 풍어를 기원하고, 귀항할 때는 가정의 평안을 빌면서 붙여진 이름이다. 방두포등대에서 남서쪽으로 200m 떨어진 곳에는 적의 침입이나 위급한 상황을 알리던 해안가 봉수대 '협자연대俠子煙臺'가 원형에 가깝게 보존돼 있다.

방두포등대 인근에는 유명한 관광명소들이 있다. 재주 있는 사람이 많이 배출되는 돌출된 땅이라는 '섭지코지'에는 신선한 바람과 함께 해안 절벽 산책길을 걸을 수 있다. 자유롭게 뛰노는 조랑말들의 모습도 볼 수 있다. 또 세계적인 건축가 안도 다다오의 작품인 유민미술관과 글라스하우스도 인근에 있다. 동양 최대의 아쿠아리움인 '한화 아쿠아플라넷 제주'에서는 다양한 바닷속 생물들을 만날 수 있다.

한편 유민미술관이나 글라스하우스, 아쿠아플라넷 같은 건축물이 없던 시절의 섭지코지는 얼마나 아름다운 자연을 간직하고 있었을까. 그 시절 있는 그대로의 섭지코지를 그려본다. 개발과 보존, 환경에 대해 생각하게 된다.

세상이 자꾸만 바쁘게 돌아갈수록, 이런 자리는 점점 더 소중해진다. 누구의 시선도 의식하지 않고, 시간을 구기지 않아도 되는 자리. 방두포등대는 그런 자리였다. 뭔가를 채우기보다, 비워도 되는 공간. 말하지 않아도 괜찮고, 정답이 없어도 괜찮은 그런 풍경 속에 나도 그 속에 든 한 점 풍경이 되고 싶었다.

돌아서기 전, 등대를 한 번 더 바라보았다. 등대는 그저 그 자

리에 서 있었다. 그것만으로도 충분하다는 듯. 그 모습이 낯설지 않았다. 어쩌면 우리 모두가 그렇게 살고 있는지도 모른다. 어디론가 빛을 보내는 존재가 아니라, 어딘가를 바라보며 조용히 서 있는 것. 누군가가 올 수도, 안 올 수도 있지만 그래도 자신의 자리를 지키고 있는 것.

나는 바람을 등지고 등대 아래 바위에 앉았다. 얼굴로, 옷자락으로, 마음 구석구석으로 바람이 스며들었다. 그러자 도시에서 채 해내지 못한 생각들이 이곳에서야 천천히 풀어졌다. 해야만 했던 말들이 떠올랐고, 미뤄뒀던 감정들이 표면 위로 올라왔다. 이 바람과 이 등대가 함께 만든 침묵의 공간 안에서 그저 앉아 있기만 해도, 묵은 마음들이 정리되는 듯했다.

그날, 제주의 바람이 머물다 간 그 자리, 방두포등대가 있던 그 해안선 끝자락에서 나는, 하얀 등대보다 더 희고 단단한 마음 하나를 가슴에 안고 돌아왔다.

불 밝힌 날   1980년 3월 23일
등대 위치   제주특별자치도 서귀포시 성산읍 고성리 47
등대 높이   7m

남해안의 숨어있는 명소,
서이말등대

　남해안의 끝자락, 거제 동남쪽 해안선이 물결처럼 굽이치는 곳에 숨겨진 보석 같은 장소가 있다. '쥐의 귀'를 닮았다 하여 이름 붙여진 서이말鼠耳末. 그 이름만큼이나 특별한 그곳에 우뚝 선 등대가 있으니, 바로 서이말등대다. 한겨울임에도 봄처럼 포근했던 1월 초순, 나는 네 곳의 등대를 가기 위해 길을 나섰다. 부산 중리항을 거쳐 이곳에 당도했다. 남해의 물빛을 따라 거제 동남쪽 끝단까지 왔다.

　이곳은 두 번째 방문이다. 등대에 매료되어 '스탬프 없이' 자발적으로 다니던 때 왔었다. 그런데 이번에 다시 찾은 서이말등대는 어딘가 모르게 더 밝고 생기 있어 보였다. 처음엔 기분 탓인가 싶었다. 하늘이 유난히 파랗고, 흰 등대가 그 아래 더욱 도드라져 보였기 때문일까. 예전에 찍었던 사진을 꺼내어 비교해 보니 내 느낌이 맞았다. 등탑이 예전의 흰색에서 빨간색으로 바뀌어 있었다. 새하얀 몸체에 빨간 등탑은 마치 붉은 모자를 쓴 듯한 모습으로 서이말등대를 한층 더 생기 있게 만들어 주었고, 그 변화가 이곳의 분위기마저 바꾸어 놓은 듯했다.

서이말등대는 각진 구석 없이 부드러운 곡선으로 이루어진 둥근 몸체를 가지고 있다. 그래서일까, 그 모습은 마치 따스한 품을 내어주는 어머니 같기도 했다. 그런 등대 앞에 서니 문득 궁금해졌다. 이 등대는 과연 언제부터 이곳에 있었을까? 입구 안내판을 살펴보던 중, 나는 우연히 등대의 생일을 알게 되었다. 바로 1944년 1월 5일, 서이말등대가 첫 불을 밝힌 날이었다. 내가 방문한 날이 정확히 그날이었다. 올해로 꼭 80번째 생일을 맞은 등대. 하지만 그 생애는 평탄하지만은 않았다. 등대가 불을 밝힌 다음 해, 대한민국은 일제로부터 해방되었다. 그런데 8월 15일 그날, 등대는 폭격으로 피격되는 아픔을 겪는다. 오랜 세월 몸이 부서진 채 견뎌야 했던 등대는 1958년부터 2년간 복구를 거쳐 지금에 이르렀다. 그런 아픔을 겪고도 묵묵히 바다를 비추는 이 등대가 왠지 모르게 부드러우면서도 강인하게 느껴졌던 것은, 그 내력 때문이었는지도 모른다.

사람도 그렇다. 겉으로는 멀쩡해 보여도, 속을 들여다보면 누구나 저마다의 상처를 지니고 살아간다. 상처는 세월 따라 아물기도 하고 덧나기도 하지만, 그것이 나만의 일이 아니라는 것을 깨달은 후로는, 조심스레 달래가며 살아가게 된다. 고요하게 그 자리를 지키면서도, 누군가에게는 큰 위안이 되어 주는 존재, 나도 등대처럼 살아가고 싶다.

서이말등대

　계단을 올라 등대 앞에 섰다. 생일인 줄 알았더라면 작은 초코파이라도 하나 준비해 올 걸 그랬다. 아쉬운 마음에 이번 '힐링의 등대'를 다니며 스탬프 함에 작은 선물을 넣어 두려고 챙겨온 초콜릿과 사탕이 든 작은 통을 등대 앞에 두었다. 나처럼 등댓길을 따라 이곳에 온 누군가가 스탬프 함을 열었을 때, 그 상자 속 초콜릿 하나에 미소 지었으면 하는 마음을 담아서 준비해 온 것이다.

　등대에서 바라본 바다는 끝없이 푸르고 잔잔했다. 겨울 바다인데도 마치 봄날처럼 따뜻하고 평화로운 풍경이었다. 어디가 하늘이고 어디가 바다인지, 분간조차 어려울 정도로 맑고 투명했다. 더 가야 할 두 곳이 남아 있었지만, 나는 서두르지 않았다. 잠시라도 이 고요한 풍경 안에 머물고 싶었다.

　서이말등대는 차로 입구까지 진입할 수 있지만, 처음 이곳을 찾았던 날엔 걸어서 들어왔다. 주변은 트레킹 코스로도 손색이 없을 만큼 경관이 뛰어나다. 파도 소리를 들으며 천천히 걷는 그 길은, 내게 단순한 이동이 아닌 하나의 치유의 과정이기도 했다. 이번에는 시간을 아끼기 위해 차를 타고 왔지만, 다음번엔 다시 그 길을 걸어 들어가고 싶다.

　등대는 언젠가 또다시 나를 부를 것이다. 계절이 바뀌는 어느 날, 혹은 문득 어디론가 떠나고 싶어질 때. 그때 나는 또 이곳으로 올 것 같다. 등대는 늘 그 자리에서 변함없이 빛을 밝히고 있을 테니. 내 마음 흔들릴 때마다, 조용히 길을 밝혀주는 등대처럼 이곳은 내가 다시 돌아오게 될 '힐링의 등대'다.

불 밝힌 날　1944년 1월 5일
등대 위치　경상남도 거제시 일운면 서이말길 478
등대 높이　15.2m

다시 올 수 있을까라는 말은 하지 말 것,
추자도등대

추자도에 내리자마자 빗방울이 떨어지기 시작했다. 거세게만 내리지 않는다면 무리 없이 움직일 수 있을 것 같았다. 추자도는 몇 해 전에 한 번 다녀간 적이 있다. 그때는 날씨가 참 좋았다. 일정대로 아름다운 '나바론 하늘길'을 걸은 뒤에야 추자도등대를 찾았었다. 이번에는 등대부터 보기로 했다. 500개가 넘는 계단을 힘들지 않은 척, 씩씩하게 오르기 시작했다.

진도항에서 출발하는 '산타모니카'호를 타고 들어왔다. 3,320톤급 대형 여객선으로, 길이 73m의 이 배는 제주도까지 90분, 추자도까지는 약 45분이 소요된다. 추자도는 제주항에서도 들어올 수 있다. 연초에 제주도 여행을 하면서 추자도까지 갈 계획이었지만, 아쉽게도 배가 결항하여 입도에 실패했었다. 다시 제주도를 거쳐 추자도를 가기에는 동선이 부담스러웠다. 이번 등대 여행의 목적지가 전라권이었기에 진도항에서 탑승하는 것이 더 적절했다.

진도항은 예전 팽목항이었다. 몇 해 전 하조도를 다녀오기 위해 이 항구를 두 번 찾은 적이 있다. 당시 진도항은 한창 공사 중이었는데, 방파제 끝 빨간 등대에는 노란 리본이 그려져 있고 그 앞에는 하늘 우체통이 있었다. 방파제 난간에 묶인 빛바랜 리본들이 바람에 처연하게 흔들리고 있었다. 바람이 불 때마다 울리는 뎅그렁거리는 종소리는 말로 다할 수 없는 비애를 불러일으켰다. 나는 하늘 우체통에 마음의 편지를 담고 방파제를 돌아 나왔었다.

공사가 마무리된 여객선 터미널은 깔끔하고 정돈된 모습으로 우리를 맞이했고, 우리가 타고 갈 산타모니카 호는 듬직해서 믿음직스러웠다. 이렇게 규모가 큰 여객선은 처음이었다. 선실은 쾌적했으며 이름만 대면 다 아는 빵집이 입점해 있었다. 빵과 커피를 마시는 동안 배는 진도항을 서서히 빠져나갔다.

배를 타는 일은 늘 신경이 쓰인다. 기상 상태에 따라 결항이나 변경이 생길 수 있기에, 인터넷 공지만 믿지 말고 반드시 출발 전에 전화로 확인하는 것이 안전하다. 이번에도 휴무일이 변경되는 바람에 계획보다 하루 먼저 오게 되었다.

승선한 지 45분 만에 추자도에 내릴 수 있었다. 빗속에서 등대로 향하는 계단을 오르는데, 굵은 빗방울이 점점 거세졌다. 아침 배를 타기 위해 울산에서 진도까지 밤새 달렸던 터라 피로가 쌓여 있었고, 갑작스러운 비에 온몸은 마치 물을 먹은 솜뭉치처럼 무겁게 가라앉았다. 나는 그래도 괜찮지만, 함께한 조력자 남편에게 미안한 마음이 들었다. 등대 처마 밑에서 비가 잦아들기를 기다리며, 문득 추자도가 고향이라던 마라도에서 만났던 항로표지 관리원 김 씨가 떠올랐다. 마라도에서 하룻밤을 묵으며 야간의 등대 불빛을 볼 수 있었는데, 김 씨는 등대에 대해 하나라도 더 알려주기 위해 애썼다. 사람 좋은 웃음을 웃던 그의 모습이 지금도 눈에 선하다.

잠시 비가 그친 틈을 타 등대에서 서둘러 내려왔다. 계단을 오르내리는 것조차 버거운 상태였다. 진도항으로 돌아가는 배는 오후에 있었기에, 추자도에서 머물러야 하는 시간은 무려 8시간이었다. 섬에 들어오면 흔히 겪는 일이기도 하다. 비는 계속해서 내렸고, 몸도 지쳐 있었기에 애초 계획했던 '나바론 하늘길' 걷기는 포기했다. 대신 마을 이곳저곳을 돌아보다가 점심으로 굴비 정식을 먹었다.

중년의 식당 주인은 추자도의 인구가 점점 줄고 있다고 했다. 현재는 약 1,000명 남짓 남았고, 예전보다 절반 가까이 줄었다고 한다. 많은 사람이 제주도로 나가 정착하고, 섬에 남은 사람들은 고령자가 대부분이라 생활 여건이 예전만 못하다고 했다. 그럼에도 불구하고 추자도는 여전히 매력을 지니고 있다. 제주 올레 18-1코스가 시작되는 이곳은 나바론 하늘길과 돈대산 등 아름다운 풍경이 있어 걷기 여행자들이 많이 찾고, '낚시꾼의 성지'라 불릴 만큼 낚시인들에게도 인기가 높다.

추자도는 상추자와 하추자로 나뉘며, 두 섬은 다리로 연결되어

추자도등대

있어 마을버스로 이동이 가능하다. 예전 방문 때, 묵리 해안 길에서 마주한 일몰 풍경은 지금도 잊히지 않는다. 그때는 섬에서 하룻밤을 묵었기에 가능한 일이었다. 그 시절의 추억을 떠올리며, 비 내리는 지금 이 순간을 달래 보았다.

식당에서 식사를 마치고 주인장과 이런저런 이야기를 나누며 시간을 보냈지만, 배 시간이 오려면 여전히 한참이 남아 있었다. 겨울비와 함께 스며드는 으슬으슬한 추위 속에서 사우나라도 있으면 잠시라도 쉬어갈 수 있겠다 싶었지만, 작은 섬에 그런 시설은 없었다. 갈 곳은 있었지만, 컨디션이 좋지 않아 모든 일정을 포기했다.

무료했지만 그 무료함마저 감싸안은 시간이었다. 바다를 멍하니 바라보며 앉아 있자니, 하늘인지 바다인지 분간되지 않는 그 풍경 속에서, 인생도 때로는 그렇게 경계가 모호하다는 것을 새삼 느꼈다. 명확한 선 없이 흘러가는 삶의 흐름이, 바다와 맞닿은 저 하늘과도 다르지 않았다.

진도항으로 나갈 시간이 다가왔다. 무인 카페에서 잠시 휴식을 취하던 중, 제주에서 들어온 지인을 우연히 만났다. 그녀는 나바론 하늘길과 돈대산까지 두루 다녀왔다고 했다. 잠깐 부러운 마음이 들었다. 오기 쉽지 않은 이곳까지 왔건만 나는 대부분을 포기했으니. 하지만 곧 마음을 다잡았다. '이곳에 또 언제 다시 오게 될까?'

같은 질문은 하지 않기로 했다. 몇 해 전 추자도를 다녀갈 때도 그런 생각을 했지만, 지금 나는 이렇게 다시 이곳에 와 있지 않은가. 세상일은 예측할 수 없고, 그래서 더 아름다운지도 모른다.

 마침내 떠날 시간이 다가왔다. 우리는 아침에 타고 왔던 산타모니카 호를 타고 겨울비 내리던 추자도를 떠났다.

불 밝힌 날   1980년 2월 27일
등대 위치   제주특별자치도 제주시 추자면 영흥리 77-3
등대 높이   20m

마량, 말이 잠시 머물렀다는 곳
마량항중방파제등대

강진만 마량항에 도착한 것은 어둠이 짙게 깔린 겨울 저녁이었다. 종일 오락가락하던 비는 멈췄지만, 바람이 거세게 불어댔다. 한적한 어촌의 항구는 그 어느 때보다 고즈넉했다.

진도항에서 추자도를 다녀와 다시 진도로 돌아온 후, 이곳 마량으로 이동했다. 하루 종일 겨울비를 맞았고, 새벽부터 길을 나선 터라 마량에 도착하자 피로가 몰려오며 눈꺼풀이 자꾸 내려앉았다.

멀리 마량항중방파제등대가 깜빡이며 불을 밝히고 있었다. 몸은 피곤했지만, 마치 자동인형처럼 발걸음은 등대를 향해 걷기 시작했다. 불빛 하나 없는 밤이었지만, 등대불이 길을 안내해 준다. 멀리서도 제 위치를 알려주는 등대는 밤바다에 없어서는 안 될 소중한 존재, 그 자체다.

이곳 마량항에서 하루를 묵을 예정이어서 항구 가까이에 숙소를 잡았다. 숙면을 취하고 맞은 아침, 날이 개기 시작했다. 지난밤에 제대로 보지 못한 방파제등대 쪽으로 산책을 나섰다. 꽤 긴 방파제 양옆으로 바다가 펼쳐지고, 어제는 보이지 않던 조형물들이 눈에 들어왔다. 자연경관을 해치는 인위적인 조형물들이 꼭 필요할까 싶지만, 요즘은 가는 곳마다 유행처럼 설치돼 있다. 특히 하트 모양 조형물. 마량항도 예외는 아니다.

그러고 보니 충남 서천군 서면에도 '마량항'이 있다. 강진만 마량항과 무엇이 다를까? 예전에 같은 이름 때문에 헷갈린 적이 있어 그 내력이 궁금했는데, 강진에 와서야 이곳의 마량이 '말'과 밀접한 관련이 있음을 알게 되었다.

전남 강진만 끝자락에 있는 마량은, '말이 잠시 머물렀다'라는 뜻에서 붙여진 지명이다. 마량은 고려시대, 강진만 일대에서 생산된 고려청자를 실어 나르는 500km 뱃길의 시작점이었다. 조선시대에 이르러서는 제주의 말을 한양으로 이동시키는 유일한 해상 관문으로, 육지에 도착한 말들이 마량에서 일정 기간 적응 훈련을 받았다고 한다. 현대에 이르러 마량은 말을 매개로 제주도와의 인적·물적 교류가 활발히 이루어졌고, 말과 관련된 지명도 많다. '숙마마을'은 말이 잠자던 곳이라 하며 그 외에 '신마마을', '원마마을'이 지금도 남아 있다.

한편, 서천의 마량항은 한국 최초 성경 전래지로 알려진 곳이다. 처음에는 '비인항'이었으나, 인근 비인면과 혼동을 일으켜 조선시대에 사용하던 마량으로 명칭을 변경했다. 그런데 강진에도 마량항이 있어서, 이를 구분하기 위해 '마량진항'으로 다시 바뀌었다고

마량항중방파제등대

한다.

　이렇듯 지명 하나에도 숱한 이야기가 담겨 있다. 길을 나서지 않았다면 몰랐을 현장학습이다. 이것이 여행의 또 다른 재미다. 이제 이 두 곳이 헷갈리지는 않을 것 같다.

　고요한 항구에서 해무 낀 바다를 바라보며 걷는 아침 산책. 잠시 멈춘 일상을 뒤로한다는 것이 이렇게 평화롭고도 행복한 감정이 될 줄 몰랐다. 그것이 나를 얼마나 충만하게 만드는지. 낯선 공기를 마시고 낯선 바람을 껴안는 일, 그 자체가 나답게 사는 길이라 생각한다. 그래서 나는 무시로 배낭을 메고 떠나고 싶은 건지도 모른다.

방파제를 돌아 나오는 길, 돌에 새겨진 노래비 하나를 만났다.

　　마량에 가고 싶다

　　　　　　　　　　　　작사·작곡 정의송/노래 김현진

　　너와 내가 만나서 사랑을 맹세한 마량의 까막섬
　　그날의 맹세, 그날의 약속 가슴에 새겨 있는데
　　오고 가는 연락선에 고동소리 구슬픈데
　　보고 싶어라 그리운 님아 마량에 가고 싶다
　　오고 가는 연락선에 고동소리 구슬픈데
　　보고 싶어라 그리운 님아 마량에 가고 싶다
　　마량에 가고 싶다

그날의 맹세를 뒤로한 채 헤어진 임을 그리워하는 애절한 노래다.

비슷한 제목의 시, 이재무 시인의 「좋겠다, 마량에 가면」의 첫 구절은 이렇게 시작된다.

"몰래 숨겨 놓은 애인 데불고 소문조차 아득한 포구에 가서 한

석 달 소꿉장난 같은 살림이나 살다 왔으면."

어느 시절, 이 시를 낭독하며 머리 희끗한 친구들과 낄낄대던 적이 있었다. "이곳이 어디일까?" 몹시 궁금했는데, 강진 마량항에 와 보니 어쩌면 이곳이 그 배경일지도 모르겠다는 생각이 들었다.

아침 바람이 제법 차다. 방파제를 돌아 나와 가장 먼저 보인 국밥집에 들어갔다. 토렴이 잘 된 뚝배기 소머리국밥이 속을 든든히 채워주었다. 주인장의 말투에는 경상도 억양이 묻어 있었다. 통영 출신으로, 제주로 시집을 가 이곳에 정착하게 되었다고 했다. 창밖으로 보이는 다리 하나만 건너면 완도, 그리고 제주가 가깝다고 했다.

아침 첫 손님이라 현금으로 밥값을 치렀다. 디지털 세대는 이해하지 못할 일이겠지만, 아날로그 세대라면 누구나 아는 '마수걸이'에 대한 속설. 그 작은 믿음이 나눈 따뜻한 정이 참 좋았다.

다음 목적지로 향하기 전, 작은 항구 '한나절만 돌아도 동네 안팎 구구절절 훤한, 누이의 손거울 같은 마을' 마량을 떠난다. 이곳에 어떤 남모를 비밀이라도 남겨 놓은 듯, 나도 모르게 실실 웃음이 났다.

불 밝힌 날 1994년 1월 6일
등대 위치 전라남도 강진군 미항로154
등대 높이 8.6m

쑥과 고양이의 섬,
애도등대

고양이의 섬, 쑥섬 애도로 향하고 있다. 가는 길 중간중간 표지판에 '우주로 가는 길'이라는 안내 문구가 보인다. 고흥에 나로우주센터가 있기 때문이다.

쑥섬에 있는 애도등대를 가려면 배를 타야 하는데, 타자마자 곧 내릴 만큼 짧은 거리, 5분도 채 걸리지 않는 가까운 섬이다. 15가구, 18명이 거주하고 있다는 이 섬은 나로도항 여객선 터미널에서 표를 끊은 후, 그곳에 상주해 있는 해설사로부터 섬에 대한 간단한 설명을 들을 수 있다. 쑥섬이라는 이름은 이곳에 나는 쑥의 질이 유난히 좋아 붙여졌다고 한다. 고양이가 많은 이유는 과거 목선이 다니던 시절, 나무배에 쥐가 많아 고양이를 키우던 것에서 비롯된 게 아닐까, 추측한다고 했다.

열두 명이 정원인 배에 우리를 포함하여 네 명이 탔다. 평일이라 그런지 찾는 이가 많지 않아 한산했다. 작은 배의 창문에는 하나같이 고양이 스티커가 붙어 있다. 작은 섬에 들면 왠지 하룻밤 묵어가고 싶어진다. 우도와 마라도에서도 하룻밤을 묵었고, 소청도에서도 하루를 묵은 경험이 있다. 그러나 쑥섬은 사람이 살고 있지만 민

박은 할 수 없다고 한다.

    겨울답지 않게 따뜻한 날씨에 하늘까지 맑아, 눈에 담기는 풍경은 더욱 반짝이며 빛난다. 배에서 내려 왼쪽 해안 길을 따라 끝까지 가면 산의 들머리가 나오는데, 풍광을 즐기며 쉬엄쉬엄 올라가기 좋은 경치가 펼쳐진다. 함께 배를 탔던 부부와 우리 부부는 서로 사진을 찍어 주며 자연스레 길동무가 되었다.

    산을 반쯤 올라갔을 무렵, 우리보다 먼저 들어온 산객을 만나 인사를 나눴다. 그런데 얼마 지나지 않아 그가 헐레벌떡 다시 올라왔다. 장갑 한 짝을 잃어버려서 찾으러 왔다고 했다. 결국 찾지 못한 채, 배 시간에 쫓겨 발걸음을 돌려야 했다. 그 장갑, 빨간 장갑은 우리가 나중에 주웠다.

산길을 천천히 오르다 어느 순간, 시야가 확 트이면서 비밀의 정원이 나타났다. 사계절 내내 400여 종의 꽃이 피고 지는 코타지 정원, 별정원에 대한 안내문을 읽다 보니 봄에 다시 오고 싶다는 생각이 든다. 이 정원은 국어 교사인 남편과 약사인 부인이 꽃을 사랑하는 마음으로, 지역 발전을 위해 가꿔 온 곳이라고 한다. 칡넝쿨로 뒤덮였던 땅을 개간해 꽃밭으로 바꾸었고, 별 모양으로 디자인되어 별정원이 되었다. 매스컴을 통해 많이 알려진 곳이기도 하다.

"나는 일몰을 볼 때마다 태양이 지는 곳까지 멀리 깨끗하게 서쪽으로 가고 싶은 욕망을 느낀다. 일몰은 매일 서쪽으로 이민 가는 것 같고, 우리들에게 따라오라고 유혹하는 것 같다."

―H.D. 소로의 『산보』

소박한 나무 표지판에 적힌 이 글귀를 읽는다. 별정원 등성이에서 일몰을 볼 수 있다는 뜻일 것이다. 매일 서쪽으로 이민 가는 해를 따라가고 싶은 유혹에 잠시 빠져본다. 별정원을 지나 조금 더 오르자, 쑥섬 정상 표지석이 나온다. 해발 83m라고 적혀 있다. 더불어 에베레스트(8,848m), 백두산(2,750m), 한라산(1,950m)을 함께 적어 놓고 "거기나 여기나 별 차이 없다"는 농담까지 곁들여 놓았다. 실소가 터졌지만, 섬 산행자들은 이곳에서 정상에 올랐다는 인증을 한다.

어쨌든 쑥섬 정상에 올랐으니, 우리도 목을 축이며 잠시 쉬었다. 우리의 목적지는 애도등대. 등댓길을 안내하는 문구가 재미있다. 거친 길과 덜 거친 길 중에서 택하라는 것이다. 선택의 길 앞에서 잠시 머뭇거린다. 빨리 갈 수 있다고 무작정 따르지 말고, 자신의 상황에 맞게 선택하라는 말인데, 프로스트의 '가지 않은 길'이 떠오른다. 삶은 언제나 우리에게 선택을 요구하지 않던가.

드디어 등대 앞이다. 나무 계단 아래에 우뚝 서 있는 등대가 내 눈 아래로 보인다. 늘 올려다보는 등대지만, 이곳에서는 내려다볼 수 있어 색다른 느낌이 든다. 등대 아래가 바로 바다로 이어지는데 위험해 보여서 내려가지는 않았다. 따사로운 겨울 볕을 담뿍 받은 바다는 물비늘로 반짝이고 있다.

쑥섬은 '애도'와 같은 뜻이라고 한다. 섬사람들은 이 등대를 '성화등대'라고도 부른다. 쑥섬이든 애도든 같은 뜻이라면 굳이 두 가지 이름을 함께 쓸 필요가 있을까? 명칭을 정리할 필요도 있어 보인다.

애도등대

산 아래 자리한 등대는 다른 등대들에 비해 주변 공간이 여유롭지 않아 사진 찍기도 쉽지 않다. 애도등대는 그야말로 지상의 끝자리에 서 있다. 이곳에 등대가 있고 나는 또 여기까지 왔다.

등대 앞에서 바다를 보며 한가로이 머물다 마을로 내려간다. 섬 산에 올라 정상(?)을 찍고, 등대를 만나 말없이 대화를 나눈 후 내려오는 데 한 시간이면 충분하지만, 우리는 두 시간 넘게 머물렀다. 쫓기지 않는 여유로운 마음도 스스로 선택하는 것이다. 낯선 곳에서 얻는 행복한 마음과, 떠나지 않았다면 몰랐을 생각과 깨달음을 소중히 간직하며 바다와 등대에 작별 인사를 나눈다.

아까 올라갔던 길과 반대편 해안 길은 온통 동백 숲이다. 수령이 300년 가까이 되었다고 하며, 3~4월이면 동백꽃이 바닥에 떨어진 모습이 장관이라는 안내문이 있다. 상상만으로도 그림이 그려진다. 나무에서 한 번, 땅에서 한 번, 그래서 두 번 피는 꽃이 동백꽃이다. 지금이 그때였더라면 하는 아쉬움을 안고 선착장으로 발걸음을 옮긴다. 봄날에 다시 오고 싶은 쑥섬을 떠난다.

쑥섬에서 주운 장갑은 여객선 터미널에 맡겨 두려 했으나, 승선 시 작성한 연락처로 연락이 닿아 택배로 보내 주었다. 평일이라 사람이 거의 없었고, 장갑 주인의 상·하의 빨간 등산복이 워낙 눈에 띄어서 쉽게 찾아줄 수 있었다. 쑥섬이라 하면 빨간 장갑이 떠오를 지도 모르겠다. 이런 소소한 기억마저도 여행이 주는 즐거움이다.

불 밝힌 날 2007년 11월 22일
등대 위치 전라남도 고흥군 봉래면 사양리 563
등대 높이 13m

거문도,
인어의 전설을 간직한 녹산곶등대

배 타기 딱 좋은 날이다. 이틀 전, 추자도에서 겨울비를 흠뻑 맞았던 기억이 아직 생생한데, 오늘은 마치 날씨 요정이 강림한 듯 하늘이 환하게 열렸다.

그제부터 시작한 일정은 추자도, 강진 마량항, 고흥 쑥섬, 여수 백야도와 돌산항을 거쳐, 오늘은 여수항에서 거문도로 향한다.

거문도는 고흥에서도 갈 수 있지만, 이번 여정은 여수항에서 출발해야 했다. 목적지가 거문도 서도이기 때문이다. 배편은 평일과 주말, 그리고 홀수·짝수 날짜에 따라 기항지와 시간표가 달라진다. 그래서 일정에 맞추다 보면 어떤 날은 고흥에서, 어떤 날은 여수에서 배를 타게 된다.

아침 배를 타기 위해 전날 여수에서 하룻밤을 묵었다. 등대를 찾아 여러 번 온 도시라 이제는 단골 식당도 생겼다. 여수에 오면 반드시 들르는 그 식당의 음식은 늘 변함없이 맛있다. 갈치찌개를 중심으로 간장게장과 양념게장, 생선구이, 부침개, 나물들이 차려지는데, 남도 음식의 진수를 느끼게 한다. 밥 두 공기는 기본이고, 그만큼 젓가락이 쉬지 않는다. 물론 입맛은 주관적이니, 이는 어디까

지나 내 개인적인 평가다.

오전 7시 50분, '웨스트그린'호에 몸을 싣는다. 숙소에서 가져온 뜨거운 커피를 홀짝이며 겨울 바다를 바라본다. 바다는 고요했고, 바람은 차지만 상쾌했다. 배는 파도를 가르며 거문도를 향해 나아간다.

거문도는 이번이 처음이 아니다. 5년 전, 거문도등대를 보기 위해 찾았다가 녹산곶등대까지 발걸음을 옮겼고, 이후 상백도등대를 보기 위해 또다시 이곳을 찾았다. 처음 왔을 땐 거문도에서 하룻밤을 묵었기에 이 섬은 내게 제법 익숙한 장소다. 이번에는 오전 11시 50분 배로 돌아가야 하니 머물 수 있는 시간은 고작 1시간 30분. 시간은 촉박했지만, 그 짧음마저 여행의 설렘이 덮어버렸다.

전날 쑥섬 코타지 정원에서 본 글귀가 문득 떠올랐다. "여행은 세 가지 유익함을 준다. 첫째 타향에 대한 지식, 둘째 고향에 대한 애착, 셋째 자기 자신에 대한 발견"이라 써 놓은 말이 가슴에 와 닿았다. 여행을 다니며 그 말을 더욱 실감한다.

거문도는 전라남도 여수시 삼산면에 속한 남해의 섬으로, 여수와 제주도의 중간 지점에 자리한다. 면적은 $12km^2$, 해안선 길이는 43km, 2022년 기준 약 840명이 거주한다. 서도·동도·고도古島 세 섬으로 이루어져 있으며, 좁게는 고도만을 '거문도'라 부르기도 한다.

녹산곶등대

고도와 서도는 삼호교, 서도와 동도는 거문대교로 연결되어 있지만, 동도와 고도는 이어져 있지 않다.

거문도는 여수시 관할 중 최남단이지만, 지리적으로는 고흥군이 더 가깝고, 심지어 제주시가 여수보다 가까울 정도다. 역사적으로도 '거문도 사건' 당시 거문도는 전남 고흥군 흥양현 관할이었다. 나룻배로 오가기 편하던 시절에는 고흥 소속이었고, 기선이 다니기 시작하면서 여수 관할로 편입됐다.

섬이 세 개라 '삼도' 또는 '삼산도'라 불리기도 했다. '거문도'라는 이름은 숲이 빽빽해 멀리서 보면 섬이 검게 보여 '검은'을 '거문'으로 빌려 쓴 것이라는 설이 있다. 또 다른 설화에 따르면, 청나라 사신 정여창이 섬을 찾았다가 글재주 뛰어난 인물이 많다는 사실을 알고 '거문巨文'이라 이름 붙이자고 조정에 건의했다는 이야기도 전해진다.

1885년, 영국 해군이 약 2년간 불법 점령했던 '거문도 사건'은 섬의 지리적 가치를 세상에 알린 사건이었다. 영국군은 이곳을 제독 윌리엄 베일리-해밀턴의 이름을 따 '포트 해밀턴Port Hamilton'이라 불렀다. 섬사람들은 이를 '보도 해밀도'라 불렀다고 한다. 영국의 해외 조차지가 될 수도 있었던 거문도는 결국 열악한 환경과 여러 제약으로 인해 조차 계획이 무산됐다.

그 시절의 흔적은 지금도 남아 있다. 영국군 묘지, 우리나라 최초의 테니스장, 일본식 건물들이 곳곳에 남아 과거와 현재를 잇는다. 5년 전, 내가 묵었던 민박집도 일본식 건물이었고, 주인이 들려준 내력은 작은 섬이 품은 근현대사의 한 장면이었다.

배가 서도에 닿자마자 나는 곧장 녹산곶등대를 향해 발걸음을 옮겼다. 서도 남쪽의 수월산에는 1905년에 세워진 거문도등대가, 북쪽 녹산에는 무인 등대인 녹산곶등대가 있다. 처음 이 길을 걸었을 때는 짙은 안개 속이었다. 산새 소리가 청아했고, 유채꽃들이 안개 속에서 살며시 흔들리던 모습은 몽환적이었다. 그 풍경이 잊히지 않아, 언젠가 다시 오리라 다짐했던 길이다.

오늘은 하얀 구름이 슬쩍슬쩍 붓질하듯 스치는 청명한 하늘이다. 길 양옆에 너른 초원이 펼쳐지고 그 너머로 푸른 바다가 감싸고 있다. 산 위에 하얀 점처럼 보이던 등대는 점점 가까워지며 형태를 드러낸다. 가는 길목에는 태풍 속에서 어부들을 구했다는 인어 '신지끼' 전설을 기념하는 동상이 서 있다.

마침내 바다와 초원이 맞닿은 산 위, 하얀 녹산곶등대에 닿았다. 어제 다녀온 고흥 애도등대와 닮은꼴이다. 등대를 많이 만나다 보니 이렇게 같은 형식의 등대를 알아보는 눈이 생겼다. 남쪽 수월산의 거문도등대는 사람과 함께하는 유인 등대라면, 이곳은 홀로

서 있는 무인 등대여서인지 더욱 고독하고 묵직한 기운을 풍긴다.

비록 머문 시간은 짧았지만, 그 시간이 주는 울림은 결코 짧지 않았다. 발걸음과 시선, 그리고 마음속 풍경이 만들어낸 기억은, 시공간을 넘어 오래도록 남아 있을 것이다.

불 밝힌 날 1958년 1월 31일
등대 위치 전라남도 여수시 삼산면 서도리 산 233-1
등대 높이 15m

그리운 고향의 향기,
마산항서파제제서단등대

내 젊은 날의 추억이 고스란히 깃든 마산. 내가 사는 곳에서 차로 한 시간 남짓이면 닿을 수 있는 거리지만, 그곳은 오래전부터 내 마음속 깊은 곳에 애틋하게 자리 잡고 있었을 뿐, 발길은 좀처럼 향하지 않았다. 물리적 거리는 가까워도, 심리적 거리는 그보다 훨씬 멀었기 때문이다. 마산은 생각하면 그저 애잔하고 아련한, 그런 곳이었다.

등대를 만나기 위해 마산을 찾게 될 줄은 미처 몰랐다. 주소를 보니 마산 어시장 근처였다. 이십 대 초반, 나는 바로 그 부근에서 첫 직장 생활을 시작했다. 버스가 다니는 어시장 입구에서 십여 분쯤 걸어 올라가면, 15년을 보낸 직장이 있었는데 부산에 있던 경남도청이 창원으로 이전하면서 우리 사무실도 창원으로 옮겼고, 그곳에서 3년을 더 근무하다 울산으로 발령을 받아 지금까지 정착해 살고 있다.

얼마 만에 이곳을 찾았는지 기억도 희미한데, 세월이 흘러 마산 어시장 주변 풍경도 많이 바뀌었다. 하지만 어시장 특유의 비릿한 바람과 합포만의 바다가 이곳이 바로 그 마산임을 속삭이고 있

마산항서파제제서단등대

었다.

마산항서파제제서단등대는 내가 이곳을 떠난 뒤 세워졌다. 그런데 방파제 이름이 독특하다. '파제제'라는 단어를 이번에 처음 알게 되었다. 항만 안쪽에 잔잔한 파도조차 침입하지 못하게 막아, 선박이 안전하게 드나들 수 있도록 만든 작은 방파제로 선박 사고를 예방하기 위한 기능을 지닌, 바다의 수호자 같은 존재였다. 등대는 동·서단에 '고향'을 형상화한 집 모양으로 세워졌다. 서로 마주 보는 붉은 등대와 하얀 등대가 있고, 그 위에 직접 올라 마산만의 전경을 내려다볼 수 있다.

나는 그다지 높지 않은 등대에 올라 바다를 바라보았다. 짧은 겨울 해가 서서히 서쪽으로 기울고 있었고, 서해안에서도 좀처럼 만나지 못한 노을이 이곳 남해안에서 펼쳐지고 있었다.

해상 교통의 중심지였던 마산포는 1899년 개항 이후, 1970년대에는 일부가 수출자유지역으로 지정되어 국제 무역항으로 꾸준히 성장했다. 부두만 해도 21개나 되었고, 그중 제1부두는 현재 창원시에서 공원화하여 '가고파국화축제'의 무대가 되었으며, 제2부두는 마산여객선터미널, 제4부두는 한때 수출 차량을 선적하던 곳이었다. 지금은 중장비와 잡화를 주로 취급하고, 민간 기업이 운영하는 부두도 여럿 자리한다.

진해에서 마산으로 출퇴근하던 시절, 나는 조용한 소도시 진해를 벗어나 활기 넘치는 마산의 거리를 걸을 때 묘한 해방감에 젖었다. 그곳에서 청춘의 전성기를 누렸고, 마산도 수출자유지역을 중심으로 새로운 활력을 얻고 있었다. 퇴근 후 창동 거리를 거닐며 낙원분식집의 튀김우동과 복희집의 떡볶이와 오징어튀김을 사 먹고, 때로는 안주가 가득 차려진 통술집에서 동료들과 맥주잔을 기울이기도 했다. 서점 '학문당'에서 삼중당 문고를 몇 권씩 사 들고 나와 루이제 린저의 『생의 한가운데』를 읽었으며, 극장에서 개봉작을 보고, 클래식 LP를 모았다. 상업은행, 조흥은행, 서울신탁은행 같은 금융기관이 모여 있던 거리도 지금은 모두 사라졌다.

노지 딸기가 붉게 익을 무렵이면 가포 딸기밭에서 미팅을 하고, 가포 유원지에서 고무보트를 타며 젊음의 낭만을 즐겼다. 마산은 내 청춘의 한 페이지이자, 늘 그리운 장소였다.

이 도시는 한국 근·현대사의 굵직한 장면들을 품고 있다. 1960년 부정선거에 맞선 시위, 1970년 첫 수출자유지역 설치, 1973년과 1977년 부마고속도로 개통, 1980년 부마민주화항쟁까지. 한때 경남에서 부산 다음가는 도시였지만, 지금은 '부·울·경'이라는 이름 아래 묻혀 있다. 예전 북마산 파출소에 얽힌 말이 있었다. "저 파출소가 불타면 정권이 바뀐다." 3·15 부정선거와 부마민주화항쟁이 그

말을 입증했다.

　마산, 진해, 창원은 오래전부터 서로 맞닿아 있어 언젠가 합쳐질 거라는 이야기가 있었다. 그리고 2010년 7월, 세 도시는 통합 창원시로 출범했다. 마산은 마산합포구와 마산회원구로, 진해는 진해구로 이름을 달리했지만, '마산'이라는 이름을 지우지 않은 것은 마산인의 자존심이었다.

　그날, 옛 추억에 잠긴 사이 항구는 붉은 노을에 물들어 있었다. 저녁 바다는 한때의 영화로웠던 마산만을 너른 품에 안으며 하루를 마감했다. 방파제 아래 출항을 기다리며 묶여 있는 고깃배들이 물결에 조용히 흔들렸다. 쇠락한 도시가 세월의 무게를 견디며 다시 부흥할 날을 기다리는 모습은, 나의 마음과 닮아 있었다. 내 청춘의 한 페이지를 장식했던 이 도시를 나는 진심으로 응원하며 위로하고 싶었다.

불 밝힌 날 1992년 11월 17일
등대 위치 경상남도 창원시 마산합포구 수산1길 240
등대 높이 10.3m

마침표를 찍다,
삼천포구항동방파제등대

    하동 술상항에서 사천으로 향하는 길, '힐링의 등대' 여정의 마지막 페이지를 남겨두고 있었다. 바람은 겨울빛을 잔뜩 머금고 있었지만, 마음은 의외로 고요했다. 수많은 바다와 바람을 지나온 발걸음이었기에, 이제야 느끼는 이 담담함은 어쩌면 완주가 주는 평온일지도 모른다. 이번 여행은 말 그대로 삶에 쉼표를 찍는 여정이었다. 등대 하나하나가 내 일상에 숨을 고르게 하고, 길 위에서 나를 돌아보게 했다.
    전날, 여수 백야도등대에 도착했을 때 스탬프 함을 열자, 작은 마그넷이 기다리고 있었다. 낯선 이가 남겨둔 선물. 주는 기쁨 못지않게 받는 기쁨도 크다는 것을, 그 순간 나도 모르게 미소가 지어졌다. 나 역시 그 자리에서 작은 초콜릿 상자를 꺼내어 빈 곳에 놓았다. 이 길을 걸을 또 다른 누군가에게도, 나도 작은 온기를 전하고 싶어서였다.
    백야도를 떠나 돌산항으로 향하는 길은, 지도 위에서 보면 의외로 멀고 굽이져 있었다. 그러나 이제는 육지의 등대를 찾아가는 일이 그리 어렵게 느껴지지 않는다. 험한 바다를 건너야 하는 외딴

백야도등대

섬의 등대들도 숱하게 다녀왔으니, 이 정도 길쯤이야. 하지만 등대는 대중교통으로 다가가기 쉽지 않은 곳, 지상의 끝자락에 있다. 세상의 변두리, 경계 위에 서 있기에 그렇다.

해 질 녘 도착한 돌산항은 고요했다. 방파제 위에 널린 어구, 바람에 스며드는 갯내음, 밧줄에 묶인 채 숨을 고르는 고깃배들. 어수선해 보이던 풍경은 하루를 치열하게 살아낸 흔적처럼 느껴졌다. 그 순간, 항구의 모든 사물에 "수고했다"라는 인사를 건네고 싶었다. 그 사이 하늘과 바다는 서서히 붉게 물들었다. 그 강렬한 빛의 끝에서, 하루가 천천히 저물고 있었다.

경남 사천의 삼천포구항동방파제등대에 도착했을 때도, 시간은 전날과 비슷했다. 서해안에서는 보지 못했던 바다의 노을을, 남해안에서 마음껏 바라보았다. 그때 보지 못했다고 해서 아쉬워할 것이 아니었다. 무슨 일이든 묵묵히 하다 보면, 생각지 못한 순간에 보상처럼 기회가 찾아온다는 것을 새삼 깨달았다.

남해안의 바다는 섬들이 나지막이 둘러 있어 호수처럼 잔잔했다. 그 바다는 마치 어머니의 품처럼 따뜻하고 포근했다. 전날 돌산항의 노을이 강렬했다면, 이곳의 노을은 부드럽고 은은한 빛으로 바다를 감싸고 있었다. 저무는 해를 바라보는 일이, 왠지 모르게 가슴을 아릿하게 했다. 나 또한 저무는 시간 속을 걷고 있기 때문이다.

카메라로 풍경을 담는 옆지기의 등이 살짝 굽어 보였다. 그것은 착시가 아니었다. 이틀 밤, 사흘 천 킬로미터가 넘는 여정을 달려왔으니, 그의 어깨에도 피로가 내려앉았을 것이다. 시력이 좋지 않은 나는 운전을 할 수 없다. 낯선 길을 홀로 걷는 것도 쉽지 않다. 그럼에도 불구하고, 접근하기 힘든 등대를 다니겠다고 하니, 함께하자고 나섰다. 그는 나의 든든한 조력자였다.

이 여행은 혼자였다면 결코 해낼 수 없었을 것이다. 길 위에는 언제나 등대가 있었고, 내 손을 잡아주는 이들이 있었다. 그 덕에 가능한 길이었다. '할 수 없다'는 말로 스스로를 가두지 않기를, 이 여행이 나에게 가르쳐주었다. 마음을 먹으면 절반은 이미 시작된 것이고, 발을 내딛는 순간, 끝까지 갈 수 있다는 것을 기억해야 한다.

적지 않은 나이에 시작한 이 여정은, 동해안에서 남해안, 서해안까지 우리나라 해안선을 한 바퀴 돌게 했다. 최동단 독도에서 최남단 마라도, 최서단 격렬비열도, 그리고 최북단 백령도까지. 오랜 시간 품어온 생각이 행동이 되었고, 행동은 내 삶을 변화시켰다. 하고자 하는 일이 있다면 머뭇거릴 이유가 없다. 떠나고 싶다면, 지금 당장 떠나야 한다. 나는 등대 길 위에서 더 나은 사람이 되고 싶었고, 더 좋은 사람이 되어야겠다고 다짐했다. 우리는 서로의 등대이기 때문이다.

삼천포구항동방파제등대

삼천포구항동방파제등대의 스탬프 함을 열어 '힐링의 등대' 마지막 인증을 했다. 그리고 준비해 온 마지막 초콜릿 상자를 조심스럽게 넣었다. 어느새 항구는 깊은 어둠에 잠기고, 등대 불빛이 조용히 깜빡이기 시작했다.

불 밝힌 날 1998년 12월 15일
등대 위치 경상남도 사천시 등대길 67
등대 높이 8.2m